AF452454

ÉLÉMENTS

DE

GÉOGRAPHIE POPULAIRE,

À L'USAGE DES ÉCOLES PRIMAIRES.

ÉLÉMENTS

DE

GÉOGRAPHIE POPULAIRE

POUR SERVIR AUX CARTES MUETTES DE M. LEVRAULT,

CONTENANT :

1° La Topographie ou Géographie locale ;
2° Des notions sur l'administration communale, départementale et sur le gouvernement français ;
3° Des remarques sur le système des montagnes ;
4° La description de toutes les contrées de l'Europe ;
5° Des notes sur les quatre parties du monde ;
6° Un petit traité de Cosmographie ; etc. etc.

Le tout divisé en quatre parties principales, subdivisées en entretiens familiers entre le maître et les élèves,

A L'USAGE DES ÉCOLES PRIMAIRES.

Ouvrage dédié à la Jeunesse.

Par Carles,

INSTITUTEUR A LYON.

LA GUILLOTIÈRE,

IMPRIMERIE DE J.-M. BAJAT,

Rue des Trois-Rois.

1841.

Dédicace.

C'est à vous, chers Enfants, que je dédie ce petit Traité de Géographie populaire, que j'ai en partie composé et en partie extrait d'autres traités de ce genre, pour servir à votre instruction. Vous me saurez gré, je l'espère, de vous avoir beaucoup abrégé le travail, en n'y introduisant que ce qui vous est le plus utile et en le mettant à la portée de votre intelligence.

Heureux si, en vous épargnant la moitié de vos peines, j'ai réussi à vous rendre plus facile l'étude de la Géographie, et à mériter de votre part un mouvement de reconnaissance.

PRÉFACE.

Apprendre à un enfant à connaître le lieu de sa naissance, la commune qu'il habite, son canton, son département, et enfin sa patrie, telles doivent être les premières leçons de Géographie données dans une institution primaire. Lui faire connaître quels sont ses magistrats, ses juges, ses protecteurs, ce qu'ils font pour lui, le respect qu'il leur doit; lui donner des idées d'ordre et d'économie publique; lui montrer quel est le but des impôts, et pourquoi ils sont si forts; faire voir à cet enfant ce que coûte au gouvernement un soldat équipé, fantassin ou cavalier, une pièce de canon et ses accessoires, un bâtiment de guerre, etc. etc. : telle est la tâche à remplir par l'instituteur qui a l'esprit de son état et le désir d'être utile. Que de murmures contre le gouvernement, que de plaintes inutiles et souvent nuisibles n'arrêtera-t-il pas !

En effet, l'enfant devenu homme s'élèvera-t-il contre ses *magistrats*, lorsqu'on lui aura appris que ce sont eux qui le maintiennent dans la tranquillité et dans la jouissance de l'héritage de ses pères, et que sans les magistrats tout serait désordre et confusion? Murmurera-t-il contre le gouvernement, sur les impôts excessifs qu'il lève quelquefois, quand il saura ce que coûte l'entretien des armées, la construction des flottes et tout ce qui contribue à la défense de sa patrie? Dans une émeute populaire, cherchera-t-il à nuire à la chose publique, s'il sait que c'est à ses dépens qu'elle doit être rétablie et maintenue?

Le peu de temps qu'un grand nombre d'enfants ont à consacrer à leur instruction, ne leur permettant pas de suivre un cours complet de Géographie, par où doit-on commencer les courtes leçons qu'on peut leur donner à cet égard? Par la cosmographie? non. Ils ne sont pas habitants de la lune ni du soleil, et peu leur importe de connaître la révolution, la rotation et la grandeur de ces corps, dont ils n'auront jamais besoin.

On commencera donc par la mappemonde? non. Ils ne sont pas appelés à de grands voyages, et peu leur est nécessaire la connaissance des différentes régions qui couvrent le globe terrestre, avec lesquelles ils ne seront jamais en rapport. Mais du moins on devra commencer par la carte et les détails de l'Europe? non.

Quel avantage retirera un enfant des connaissances qu'il aura sur la Russie, l'Angleterre ou l'Espagne, s'il ignore le plan de son pays, l'étendue de son département et le nom de la rivière qui coule à sa porte?

Par où doit-on donc commencer à donner aux enfants les notions de Géographie, pour qu'elles leur soient utiles, quelque petites qu'elles soient? par la *topographie* ou description du lieu qui les a vu naître. Qu'on leur fasse connaître les accidents géographiques qui les environnent; qu'on leur présente la carte de leur commune ou de leur département, et on leur rendra un bien plus grand service que de leur apprendre à lire, sur les cartes des pays étrangers, des noms barbares, et de leur montrer le plan d'une contrée où ils n'auront peut-être jamais à se transporter.

L'enfant trouvera peut-être sur la carte de son département son village et les environs ; il en examinera attentivement la position ; puis le maître le conduisant comme par la main, lui montrant de proche en proche tous les départements qui avoisinent le sien, on arrivera à lui montrer, avec le temps, d'abord toute la France, ensuite toute l'Europe, et peut-être même le monde entier.

Voilà de quelle manière l'expérience nous a prouvé qu'on doit procéder dans les leçons de Géographie données aux enfants fréquentant les écoles primaires, et voilà aussi ce qui a échappé à l'attention de ceux qui jusqu'à ce jour ont fait des Eléments de Géographie, où ils entretiennent d'abord des enfants qui n'ont que trois ou quatre ans à donner à leur instruction, de choses dont il n'auront jamais besoin, sans leur dire un mot de ce qu'il leur importe tant de connaître et de savoir apprécier. Plus de vingt années, passées dans l'exercice de l'enseignement primaire, nous ont fait sentir la nécessité de présenter aux enfants l'utile avant l'agréable. La plupart d'entr'eux ne prennent que quelques mois de leçons, et si pendant ce temps on leur a appris quelque chose de nécessaire, on leur aura rendu service ; et si le cours de leurs études se borne là, ce qu'ils possèdent leur sera toujours utile.

Nous sommes loin de faire ici la critique des beaux et utiles ouvrages de nos Géographes ; mais nous croyons que l'abrégé que nous offrons au public, sans rien ôter au mérite de ceux qui existent en ce genre, sera apprécié par les personnes chargées de l'enseignement, et sera aussi utile aux élèves des écoles primaires que ceux dont ils se sont servis jusqu'à présent.

ÉLÉMENTS

DE

GÉOGRAPHIE POPULAIRE.

PREMIÈRE PARTIE.

TOPOGRAPHIE ou GÉOGRAPHIE LOCALE.

ACCIDENTS GÉOGRAPHIQUES UNIVERSELS.

Ier ENTRETIEN.

ACCIDENTS TERRESTRES.

Une *maison* est une construction en pierre et en bois, faite pour s'y loger.

Une *rue* est un chemin public et découvert, tracé entre des maisons.

Un *impasse* est une rue sans issue.

Une *place* est un lieu public et découvert, environné de bâtiments, soit pour l'embellissement d'une ville ou d'un village, soit pour la commodité du commerce.

Un *carrefour* est l'endroit où se croisent plusieurs chemins ou plusieurs rues.

Un *village* est la réunion de plusieurs maisons, non entourées de clôture commune.

Un *hameau* est un petit nombre de maisons réunies, mais éloignées du lieu où est l'église paroissiale.

Une *route* est un chemin tracé exprès pour communiquer d'un endroit à un autre.

Les routes sont royales, départementales ou vicinales.

La *route royale* est celle qui, partant de la capitale, va aux frontières du royaume ; elle est plus large et entretenue aux dépens du trésor public.

La *route départementale* communique d'un département à l'autre ; elle est entretenue aux frais des départements.

La *route vicinale*, ou chemin vicinal, est celle qui va d'une commune à l'autre ; elle est entretenue aux dépens des communes.

Une *lieue* est la mesure de la distance d'un endroit à l'autre. On distinguait autrefois la lieue commune et la lieue de poste. La lieue commune était à peu près la longueur de chemin que peut parcourir un homme, dans une heure, marchant d'un pas ordinaire. La lieue de poste était un peu plus courte : aujourd'hui on ne connaît que la lieue métrique, de 44 hectomètres environ.

IIe ENTRETIEN.

Suite des ACCIDENTS TERRESTRES.

Un *bois* est une petite étendue de terrain plantée d'arbres.

Une *forêt* est un grand espace de terrain couvert de bois.

Un *bosquet* est une petite réunion d'arbres, destinés à donner de l'ombrage.

Une *plaine* est une grande surface de terrain uni et peu élevé au-dessus du niveau de l'eau.

Une *montagne* est une masse de terre et de rochers, fort élevée au-dessus des plaines.

Dans la montagne on distingue : la base, les flancs ou versants, la croupe et le sommet.

La *base* est le pied de la montagne, l'endroit où elle commence à se séparer de la plaine.

Les *flancs* ou *versants* sont les deux revers de la montagne, qui sont en pente.

La *croupe* est située au-dessus des flancs.

Le *sommet* est l'extrémité de la montagne.

Une *vallée* est l'espace compris entre deux ou plusieurs montagnes ; il y a ordinairement un cours d'eau.

Un *plateau* est une plaine au-dessus des montagnes.

Une *colline* est une petite montagne s'élevant doucement au-dessus de la plaine.

Un *coteau* est le penchant de la colline.

Un *vallon* est une petite plaine entre deux coteaux, où coule ordinairement un ruisseau.

Une *gorge* est un passage étroit entre deux montagnes ; on l'appelle aussi *col*.

Une *mine* est un endroit, dans le sein de la terre, où se forment les métaux, le cuivre, le fer, l'argent, l'or, les pierres précieuses, etc.

Une *carrière* est un endroit, dans le sein de la terre, d'où l'on tire la pierre, le marbre, le granit, le charbon de terre, etc.

Un *rocher* est une masse de pierres brutes tenant à la terre. On lui donne aussi les noms de *roc* et de *roche*.

IIIᵉ ENTRETIEN.

Suite des ACCIDENTS GÉOGRAPHIQUES TERRESTRES.

Une *ville* est l'assemblage d'un grand nombre de maisons, disposées par rues et fermées ordinairement par une clôture commune de *murs* ou de *fossés*.

Un *chemin-de-fer* est une voie couverte de bandes de fer, sur lesquelles sont placées les roues du char destiné à la parcourir ; elle n'a presque pas de montées, ni de descentes ; c'est une des voies les plus accélérées que l'on connaisse.

Un *fort* est un ouvrage de terre ou de maçonnerie, en état de résister aux attaques de l'ennemi. On appelle *redoute* une petite fortification isolée.

Un *volcan* est une montagne brûlant intérieurement et lançant quelquefois, par une ouverture nommée *cratère*, des tourbillons de flammes et de fumée, et d'autres matières appelées *lave*.

Une grande surface de terrain inculte porte, en France, le nom de *landes* ou *bruyères*.

Un *désert* est une vaste étendue de pays tout-à-fait stérile. On y rencontre quelquefois de petits espaces, comme des îles, arrosés par des sources et d'une grande fertilité ; on les appelle *oasis ;* ce sont les hôtelleries des caravanes.

Un *continent*, ou terre ferme, est une grande étendue de pays comprenant plusieurs régions.

ACCIDENTS TERRESTRES RELATIFS AUX EAUX.

Un *pont* est une construction en pierre, en bois ou en fer, au-dessus d'un cours d'eau, pour communiquer d'une rive à l'autre.

Une *rive* est le bord d'un cours d'eau. On distingue la rive droite et la rive gauche. La rive droite est celle qui se trouve à la droite d'une personne qui, étant sur l'eau, a le visage tourné du coté ou le courant va ; la rive gauche lui est opposée. Le bord d'un cours d'eau encaissé prend le nom de *berges*.

Les bords de la mer se nomment *côtes*. S'ils sont escarpés, ils prennent le nom de *falaises* ; s'ils sont peu élevés, on les appelle *grèves*, et on les nomme *dunes* quand ils sont sablonneux.

Un *port* est un lieu fait exprès sur le bord d'une mer, d'un fleuve ou d'une rivière, pour faciliter l'embarquement ou le débarquement des marchandises et des voyageurs.

Un *quai* est un chemin public bordé d'un côté par des maisons et de l'autre par une rive de rivière ou de fleuve.

Une *île* est une terre peu étendue entourée d'eau de tout coté.

Une *presqu'île* est une terre entourée d'eau excepté d'un seul coté, par lequel elle tient à une autre presqu'île ou à un continent.

Un *isthme* est une langue de terre resserrée entre deux eaux, le plus souvent entre deux mers.

Un *cap* est une pointe de terre qui s'avance dans la mer; quand elle est élevée, elle prend le nom de *promontoire*.

Une *contrée* est une étendue de pays soumise au même gouvernement.

IVe ENTRETIEN.

DES EAUX.

Les eaux sont douces, ou salées, ou minérales.

Les eaux douces sont celles qu'on appelle *potables*; elles se divisent en *lacs, fleuves, rivières* et *ruisseaux*.

ACCIDENTS GÉOGRAPHIQUES RELATIFS AUX EAUX DOUCES.

Une *source* est l'endroit où un cours d'eau sort de terre.

Un *ruisseau* est un petit cours d'eau arrosant les campagnes et se perdant bientôt dans les terres ou dans un autre cours d'eau plus fort.

Un *torrent* est un courant d'eau très-rapide, occasionné par les pluies abondantes ou par la fonte des neiges; il ne dure que quelque temps.

Une *rivière* est un cours d'eau assez considérable, allant se jeter dans un courant plus fort; on l'appelle alors *affluent*.

Un *fleuve* est un grand cours d'eau, grossi quelquefois par plusieurs affluents, et conservant son nom jusqu'à la mer, où il finit sa course.

L'embouchure est l'endroit où un fleuve se jette dans la mer.

Un *confluent* est l'endroit ou deux cours d'eau se réunissent.

Lorsqu'un cours d'eau change brusquement de niveau, il forme un *saut*, une *chute*, une *cascade*.

La cavité occupée par un fleuve, une rivière ou un ruisseau, prend le nom de *lit*.

La ligne formée par la partie la plus profonde s'appelle *thalweg* (Grandperret).

Un *étang* est un grand amas d'eau, soutenu par une chaussée, dans lequel on entretien quelquefois du poisson.

Une *mare* est un petit amas d'eau servant le plus souvent à abreuver les bestiaux.

Un *lac* est un grand amas d'eau, semblable à une petite mer, au milieu des terres ; il n'est entretenu que par un cours d'eau ou par des canaux souterrains.

Un *canal* est une rivière artificielle, pour faire communiquer deux rivières ou deux mers ensemble, afin de faciliter le commerce.

Vᵉ ENTRETIEN.

EAUX SALÉES.

Les eaux salées sont celles dont on tire le sel.

Elles se divisent en mers, golfes et détroits.

ACCIDENTS RELATIFS AUX EAUX SALÉES.

Une *mer* est une vaste étendue d'eau salée qui couvre une grande partie du globe terrestre.

Un *golfe* est un avancement considérable de mer dans les terres. On l'appelle quelquefois *baie*.

Une *rade* est un petit golfe où les vaisseaux peuvent se tenir à l'ancre et être à l'abri de certains vents.

Un *courant* est un endroit de la mer où l'eau court rapidement comme si c'était une rivière.

Un *archipel* est une portion de mer où se trouvent réunies un grand nombre d'îles.

Un *écueil*, ou rescif, est un rocher à fleur d'eau, contre lequel les vaisseaux peuvent se briser.

Un *banc* est un amas de sable presque à fleur d'eau.

Un *détroit* est une portion de mer resserrée entre deux terres. En France il porte le nom de *pertuis*.

EAUX MINÉRALES.

Les eaux minérales sont *naturelles* ou *artificielles*.

Elles sont naturelles, quand elles filtrent à travers les mines de différents métaux, comme celles de Passy, de Plombières, de Vichy, de Charbonnières, etc.

Elles sont artificielles lorsqu'elles sont composées avec des sels qui leur donnent à peu près la même saveur et la même propriété qu'ont les eaux naturelles, comme l'eau de Seltz, etc.

VI° ENTRETIEN.

DES CARTES DE GÉOGRAPHIE.

Pour représenter la surface totale de la terre, ainsi que sa forme, on se sert d'une boule, appelée *sphère*, ou bien d'une carte appelée *mappemonde*, qui présente la sphère coupée en deux parties égales, appelées hémisphères.

Quand on veut ne représenter qu'une portion de la surface de la terre, on se sert de *cartes* ou *plans* indiquant la position respective des villes, des fleuves et des montagnes qui s'y trouvent.

Les cartes sont *générales* ou *particulières :* générales, quand elles représentent une grande étendue de pays, comme la carte d'Europe, celle d'Asie, etc. ; *particulières*, quand elles n'offrent que la surface d'un royaume, d'une province, comme la carte de France, celle du département du Rhône.

Pour déterminer la position d'un pays par rapport à un autre, on a imaginé *quatre points cardinaux* qui, si on les joignait deux à deux par des lignes droites, formeraient au centre de la terre quatre angles droits. On les désigne sous les noms de *nord* ou *septentrion*, *midi* ou *sud*, *est* ou *levant*, *ouest* ou *couchant*. Entre ces quatre points on en place quatre autres, sous les noms de *nord-est* entre le nord et l'est, de *sud-est* entre le sud et l'est, de *sud-ouest* entre le sud et l'ouest, de *nord-ouest* entre le nord et l'ouest.

Les quatre points cardinaux sont toujours indiqués sur les cartes, le nord en haut, le sud en bas, le levant à droite, et le couchant à gauche.

On appelle *s'orienter* savoir reconnaître la position de ces quatre points dans la nature, et placer la carte que l'on regarde de manière que la position qu'on leur assigne sur la carte soit correspondante à celle qu'ils ont dans la nature.

On connaîtra facilement ces quatre points à l'aide du soleil levant, ou à son défaut, au moyen de la boussole (1).

Pour déterminer la distance d'une ville à l'autre, on établit sur les cartes une échelle proportionnelle, dont les divisions marquent cinq ou dix lieues à la fois. Alors prenant un compas, on le porte sur les points indiquant la position des villes, et sans le déranger on le présente sur l'échelle ; l'ouverture indique le nombre de lieues qui se trouvent entre les deux villes mesurées, et continuant ainsi d'une ville à l'autre, en suivant la route tracée, on obtient la distance de lieux très-éloignés l'un de l'autre.

Il faut toutefois ajouter au total un cinquième

____

(1) Que le maître montre aux élèves l'usage de cet instrument.

SYSTÈME DE MONTAGNES. BASSINS HYDROGRA-PHIQUES.

Avant d'entrer dans aucune division du globe, il est à propos de parler de la manière dont on étudie aujourd'hui la géographie physique.

En prenant la carte d'un continent ou d'une contrée, il est assez naturel d'en examiner le dessin et de voir quelle est la surface du pays dont on va mesurer l'étendue, examiner les places et raconter les curiosités.

Les premiers objets qui frappent nos regards sont sans doute ces masses énormes qui s'élèvent au-dessus du sol ordinaire et qu'on appelle *montagnes;* puis ces grands cours d'eau, qui réunissent dans leur sein les eaux de plusieurs autres courants et qu'on appelle *fleuves.*

Les montagnes sont isolées ou assemblées en chaines, groupes ou systèmes.

Une *chaine* est une suite de montagnes dont la base se touche, comme les *Pyrénées*, les *Cévennes*, les *Alpes*, etc.

Un *groupe* est la réunion de plusieurs chaines.

Un *système* est l'ensemble de plusieurs groupes.

On divise les chaines des montagnes en *chaines principales,* donnant naissance aux grands cours d'eau, et en *chaines secondaires,* donnant naissance aux petits cours d'eau.

Les chaines secondaires sont celles qui se détachent des chaines principales, comme la chaine des montagnes d'*Auvergne,* qui se détache des *Cévennes.* On les appelle aussi chainons ou embranchements.

Les chaines secondaires se subdivisent en collines, appelées *rameaux* ou *contre-forts.*

Dans une montagne on distingue : 1° la *base* ou *pied,* qui est l'endroit où elle commence à se séparer de la plaine ; 2° le *flanc,* qui forme la pente ou versant ; 3° la *croupe,* qui surmonte le flanc ; 4° le *sommet*, qui repose sur la croupe ; 5° la *cîme*, qui couronne le sommet ; 6° le *point culminant*, qui est à l'extrémité de la cîme.

IXe ENTRETIEN.

Suite des MONTAGNES.

Quand le sommet d'une montagne est *conique* ou *pointu*, il prend le nom de *pic*, ou *piton* ou *puy* : le *pic du Midi*, le *pic Néthou*, dans les Pyrénées ; le *Puy-de-Dôme*, dans les montagnes d'Auvergne.

Un sommet arrondi s'appelle *ballon* ; le ballon de Guepvillers, dans les Vosges.

S'il a une forme cylindrique, il prend le nom de *cylindre*, le *cylindre de Marborée*, dans les Pyrénées.

On appelle *arête* ou ligne de *faîte* l'intersection des plans que forment les deux versants d'une chaîne de montagnes. Cette ligne détermine le partage des eaux entre les cours d'eau qui se trouvent à droite et à gauche de la chaîne de montagnes.

On appelle *crête*, l'arête ou la ligne de faîte du contre-fort.

BASSINS HYDROGRAPHIQUES.

On appelle *bassin hydrographique* l'ensemble de toutes les eaux allant se réunir dans le même lieu.

Les mers, les fleuves, les rivières et les ruisseaux ont leurs bassins particuliers.

Le bassin d'une mer est l'ensemble de toutes les eaux qui se jettent dans son sein.

Le bassin d'un fleuve ou *bassin fluvial* est l'ensemble de tous les courants portant le tribut de leurs eaux dans ce même fleuve.

Le bassin d'une rivière ou *bassin amnisien* est l'ensemble de toutes les eaux se rendant dans cette même rivière.

Le bassin d'un ruisseau ou *bassin rivusien* est l'ensemble de toutes les eaux se réunissant dans ce même ruisseau.

Xᵉ ENTRETIEN.

DES RELIGIONS.

Les peuples, si différents entr'eux de mœurs et d'usages, ont cela de commun qu'ils ont tous reconnu la nécessité d'une religion ; mais ils s'accordent peu sur le choix de l'être auquels ils adressent leurs prières et offrent leur encens.

On reconnaît quatre religions principales qui se partagent la presque totalité des hommes.

1° Le *Christianisme*, professé par *plus du tiers* des habitants du globe.

2° Le *Judaïsme*, qui compte environ *quatre millions* de sectateurs.

3° Le *Mahométisme*, reconnu par à peu près *cent vingt millions* d'individus.

4° Le *Paganisme*, qui fait l'objet de la religion du reste des hommes ; il se divise en une infinité de sectes plus ou moins extravagantes.

Le Christianisme se divise en trois sectes principales : 1° les Chrétiens, adorateurs de Jésus-Christ, obéissant au Pape ; 2° les Chrétiens du *rit grec*, ne reconnaissant pas la suprématie du Pape, professé par les Grecs, les Russes et une grande partie des Chrétiens d'Orient ; 3° les Protestants, Luthériens, Calvinistes et Anglicans, séparés des Catholiques par plusieurs points de leur croyance.

Le Judaïsme ne domine plus dans aucune partie du monde. Les Juifs, répandus sur toute la surface du globe, conservent encore la loi de Moïse.

Le Mahométisme se divise en deux sectes principales, celle d'Homar et celle d'Ali.

DIFFÉRENTES COULEURS DE L'ESPÉCE HUMAINE.

Les hommes ne sont pas tous de la même couleurs ; les uns sont *blancs*, les autres *noirs*, les autres *jaunes*.

Les blancs habitent l'Europe, une grande partie

de l'Asie , et les côtes septentrionales de l'Afrique.

Les noirs habitent l'intérieur de l'Afrique et quelques contrées de l'Amérique et de l'Océanie.

Les jaunes habitent l'Est de l'Asie , et le Nord-Ouest de l'Océanie.

L'union entre des personnes de différentes couleurs a produit une infinité de nuances.

XIe ENTRETIEN.

OBSERVATIONS GÉNÉRALES SUR LES BORNES DES DIFFÉRENTES CONTRÉES.

Toutes les contrées du monde ont des limites naturelles. Les unes sont séparées des autres par des montagnes, les autres par des fleuves ou par des mers.

Quand on examine sur une carte les bornes qui séparent les différents peuples qui habitent le globe terrestre , il semble que la nature a assigné à chacun la portion de terrain qu'il doit occuper. Sans parler des bornes des cinq grandes parties du monde , presque toutes séparées les unes des autres par des mers immenses, voyez seulement la carte d'Europe , et examinez , par exemple , s'il est permis aux Français de sortir de leur territoire et d'ambitionner la possession du pays situé au-delà de leurs limites.

En voyant au Midi , d'un côté cette vaste mer qui borne la France , et de l'autre ces Pyrénées toujours blanches de neige , qui la séparent de l'Espagne ; au Levant, les montagnes des Alpes et du Jura, toujours couvertes de glaces ; au Couchant cet immense Océan, ne vous paraît-il pas que ce sont autant de remparts infranchissables que la nature a élevés pour fixer la propriété de chacun? Aussi quand l'aveugle ambition porte les peuples à sortir de leur territoire , pour s'emparer de l'héritage d'autrui, ils sont bientôt obligés d'abandonner des conquêtes qui leur ont coûté tant de sang , soit par la difficulté de se maintenir dans un pays découvert, soit par la nécessité de rendre hommage aux droits incontestables de l'hérédité.

DES DIFFÉRENTS GOUVERNEMENTS.

Tous les peuples ne se gouvernent pas de la même manière : les uns obéissent à un seul homme, les autres à plusieurs chefs, et les autres se gouvernent eux-mêmes. De là trois sortes de gouvernements:

1° Le monarchique , celui où l'autorité souveraine est confiée à un seul.

2° L'aristocratique , celui où le pouvoir dépend de plusieurs , qui se succèdent sans le concours du peuple.

3° Le démocratique , celui où le peuple obéit à des mandataires nommés par lui.

XIIe ENTRETIEN.

DIVISION DU GLOBE TERRESTRE.

Toutes les terres connues jusqu'à présent se divisent en cinq parties principales, appelées *grands continents ;* ce sont l'Europe , l'Asie , l'Afrique , l'Amérique et l'Océanie.

DIVISION DE L'EUROPE.

L'Europe se divise en 18 contrées principales, dont 4 au nord, savoir : les Iles Britanniques, capitale *Londres* ; le Danemarck , cap. *Copenhague* ; la Suède , cap. *Stockolm ;* la Russie , cap. *Saint-Pétersbourg.*

7 au milieu, savoir : la France , capitale *Paris* ; la Suisse, villes principales, *Bâle* , *Berne* , *Genève* , etc. ; la Belgique, cap. *Bruxelles ;* la Hollande, cap. *La Haie ;* la Prusse, cap. *Berlin ;* la Confédération Germanique, villes principales, *Dresde* , *Munich* , *Hanovre* , etc. ; l'Autriche , cap. *Vienne.*

7 au midi, savoir : l'Espagne , capitale *Madrid ;* le Portugal , capitale *Lisbonne* ; la Sardaigne , capitale *Turin* ; les Deux-Siciles , capitale *Naples* ; l'Italie propre, villes principales, *Milan, Venise, Rome,* etc. ; la Turquie, capitale *Constantinople* ; la Grèce , capitale *Athènes.*

BORNES DE L'EUROPE.

L'Europe est bornée, à l'est , en partie par les monts Ourals et par le fleuve Oural , et en partie par la mer Caspienne, qui la separent de l'Asie ; au sud, par la Méditerranée ; au couchant, par l'Océan Atlantique ; et au nord, par l'Océan Glacial.

DESCRIPTION GÉNÉRALE.

L'Europe est la plus petite des parties du monde ; mais elle est la plus civilisée et ne leur cède ni en population, ni en industrie, ni en richesses. Elle produit abondamment tout ce qui est nécessaire à la vie ; elle est le centre du commerce, des sciences et des arts. Les Européens sont spirituels et adroits ; tous les arts et métiers sont de leur ressort ; et aussi habiles à la guerre qu'intrépides dans les combats, ils ont souvent dicté des lois à toutes les autres parties du monde.

XIIIe ENTRETIEN.

MERS DE L'EUROPE.

L'Europe est baignée par 15 mers , dont 3 grandes et 12 petites. Les 3 grandes sont : l'Océan Glacial , au nord ; l'Océan Atlantique , à l'ouest ; la Méditerranée, au sud.

Les principales des 12 petites sont : la mer du Nord, la Baltique, la mer Blanche, la mer Caspienne, la mer Noire, l'Adriatique, la mer d'Azow, la mer de Marmara.

DÉTROITS DE L'EUROPE.

Sur l'Océan et les mers qui en dépendent, on trouve les détroits de Vaigatz, de Skager-Rack, de Cattégat, le Sund, le Grand-Belt, le Petit-Belt, le canal St-Georges, le pas de Calais, le canal de la Manche et le Gibraltar. Sur la Méditerranée et les mers qui en dépendent, on trouve les détroits de Bonifacio, de Messine, des Dardanelles, de Constantinople et d'Enikalé.

GOLFES DE L'EUROPE.

On trouve en Europe 19 golfes principaux :
1° Sur l'Océan Glacial, les golfes de Petchora, de Tcheskaïa, de Varanger. 2° Sur la mer Blanche, les golfes du Mézen, de la Dwina, de l'Onéga, de Kandalask. 3° Sur l'Océan, dans la Baltique, les golfes de Bothnie, de Finlande, de Livonie. 4° Sur la mer du Nord, le golfe de Zuyderzée. 5° Sur l'Océan Atlantique, le golfe de Gascogne, celui de Cadix. 6° Sur la Méditerranée, le golfe de Lyon, celui de Gênes. 7° Dans la mer Adriatique, le golfe de Tarente, celui de Venise. 8° Dans l'Archipel, le golfe de Salonique. 9° Dans la mer Noire, le golfe de Précop.

XIVe ENTRETIEN.

CAPS DE L'EUROPE.

Les caps principaux de l'Europe sont au nombre de 12, savoir : Le Nord-Kyn, au nord de la Suède ; la Hogue, au nord-ouest de la France ; le Finistère, au nord-ouest de l'Espagne ; le St-Vincent, au sud du Portugal ; le Trafalgar, au sud de l'Espagne ; le cap Corse, au nord de cette île ; le cap Toulada, au sud de la Sardaigne ; le Passaro, au sud de la Sicile ; le Spartivento, au sud de l'Italie ; le cap Leuca , au sud-est de l'Italie ; le cap Matapan , au sud de la Grèce.

ILES DE L'EUROPE.

Parmi le grand nombre d'îles que l'on trouve en Europe, on distingue les suivantes : 1° dans l'Océan Glacial, l'île de Vaigatz , celle de Kalgoupf , les îles Loffoden et Tromsem. 2° Dans l'Atlantique , les îles Féroë, Schetland , les Orcades, les Hébrides. 3° Dans la Baltique, les îles d'Aland , celle d'Œsel , de Gotland , d'Olan , de Bornholm , de Rugen , de Séélande, de Fionie. 4° Dans la mer du Nord , les îles de la Zélande. 5° Dans la Méditerranée, les il es Baléares, telles que Majorque, Minorque, Ivice ; l'île de Corse, celle de Sardaigne, la Sicile, Malte ; les îles Ioniennes, telles que Corfou, Céphalonie, Zante, Cérigo ; les îles Cyclades, celle de Négrepont , celle de Candie.

XVᵉ ENTRETIEN.

MONTAGNES DE L'EUROPE.

Parmi les chaînes de montagnes que l'on trouve en Europe, on en distingue 11 grandes et 8 petites. Les grandes chaînes sont : 1° les monts Ourals, à l'est de la Russie ; 2° les Scandinaves , entre la Suède et la Norwége ; 3° le Caucase , au sud de la Russie ; 4° les monts Balkans, au sud de la Turquie ; 5° les Krapacks , à l'est de l'Autriche ; 6° les monts Herciniens ou de Bohême ; 7° les Alpes ; 8° les Apennins , dans l'Italie ; 9° les Pyrénées , entre la France et l'Espagne ; 10° les monts Ibériens, du nord au sud de l'Espagne ; 11° la Sierra Névada , au sud de l'Espagne.

Les 8 petites chaînes sont : 1° les monts Vosges, au nord de la France ; 2° les Cévennes , du sud au nord de la France ; 3° les monts d'Auvergne, de l'est à l'ouest de la France ; 4° le Jura , à l'est de

la France; 5° les Cantabres, au nord de l'Espagne;
6° la Sierra d'Estrella, la Sierra d'Oca, la Sierra
Morena, de l'est à l'ouest de l'Espagne.

FLEUVES.

Nous nommerons les fleuves dans les contrées
qu'ils arrosent; les suivants sont les plus remarquables : 1 dans la mer Blanche, la Dwina; 6 dans
la Baltique : la Tornéa, la Néva, la Duna, le Niémen, la Vistule, l'Oder; 6 dans la mer du Nord :
l'Elbe, le Wéser, le Rhin, la Meuse, l'Escaut, la Tamise; 1 dans la Manche : la Seine; 9 dans l'Océan :
le Schannon, la Severn, la Loire, la Garonne, le
Minho, le Douro, le Tage, la Guadiana, le Guadalquivir; 4 dans la Méditerranée : l'Ebre, le Rhône,
le Tibre, l'Arno; 2 dans l'Adriatique : le Po, l'Adige.

DEUXIÈME PARTIE.

GÉOGRAPHIE PHYSIQUE, POLITIQUE

ET ADMINISTRATIVE DE L'EUROPE.

(222 millions d'habitants.)

1er ENTRETIEN.

FRANCE (royaume, 32,560,000 hab.). SES BORNES.

La France est bornée, au midi, par la Méditerranée et les Pyrénées; au couchant, par l'Océan
Atlantique; au nord, par la Belgique et la confédération Germanique; au levant, par la Suisse, la
Savoie et les Alpes.

La France portait autrefois le nom de *Gaule*. Elle
fut soumise aux Romains par Jules-César, pendant
l'espace de 500 ans; mais vers l'an 420 de J. C.

les Francs, peuples de la Germanie, s'en emparèrent et lui donnèrent le nom de *France*.

Son gouvernement est une monarchie constitutionnelle et héréditaire.

Sa religion dominante est le Catholicisme ; cependant on y trouve beaucoup de Calvinistes, de
Luthériens, de Jansénistes et d'Israëlites.

Le sol présente presque partout la variété des
plaines et des montagnes. Arrosée par quatre
grands fleuves principaux et par plus de quatre
mille rivières, qui communiquent par de nombreux
canaux, la France fournit abondamment tout ce
qui est nécessaire à la vie et n'a rien à envier aux
autres contrées de l'Europe. Située sous la zone
tempérée, son climat est doux et salubre ; cependant les contrées du nord éprouvent quelquefois
des froids rigoureux, tandis que celles du midi
voient rarement la neige et la glace.

On trouve en France d'excellentes pierres de
taille, de meule et de fusil, des carrières de granit,
de marbre, d'albâtre, d'ardoises et quelques pierres précieuses. Les mines métalliques les plus
importantes sont : celles de fer, de plomb, de
cuivre, de zinc, d'argent, d'antimoine, etc. ; celles
de houille, d'alun, de sulfate et de souffre occupent le second rang. Les marais salants, les seuls
en Europe propres à la bonne qualité de sel, sont
pour la France une source de richesses.

IIᵉ ENTRETIEN.

VÉGÉTAUX, ANIMAUX, COMMERCE, INDUSTRIE DE LA FRANCE.

Parmi les nombreux végétaux dont le sol de la
France se couvre, la vigne, le blé, les arbres à
fruit de toute espèce, les céréales, le chanvre, le
lin, la betterave dont on tire aujourd'hui du sucre,
les plantes médicinales, le tabac, les truffes, etc.

sont les plus abondants ; les plantes potagères, le fourrage, le bois, le houblon, méritent encore d'être cités. La France voit encore mûrir sur son terrain les fruits des pays chauds, tels que l'olive, la grenade, l'orange, le citron, etc.

Les Français élèvent tous les animaux domestiques connus en Europe. Les chevaux, les mulets, les chèvres, même celles du Thibet, les moutons, parmi lesquels on trouve quelques mérinos, et les porcs, sont les plus considérables. La bonne volaille qu'on élève et le gibier délicat que l'on chasse en France font les délices de ses habitants. On n'y trouve point des lions, ni des tigres ; mais on y voit des ours et des loups, et parmi les oiseaux de toute espèce qui voltigent sur le sol français, on voit des vautours et des aigles.

Le commerce de la France est très-considérable. Les principaux objets du trafic sont le vin, l'eau-de-vie, le sel, les fruits secs, l'huile, les grains, les étoffes de soie, de laine, les tapisseries, la dentelle, les bijoux, etc.

L'industrie française a pris depuis plusieurs années un essor considérable ; les fonderies, les raffineries de sucre, les forges, les fabriques de porcelaine, de cristaux, de glaces, les manufactures de soierie brochée et unie, les tissus d'or et d'argent, etc. etc. ne laissent rien à désirer.

IIIe ENTRETIEN.

DIVISION NATURELLE ET DIVISIONS POLITIQUES ET ADMINISTRATIVES DU TERRITOIRE FRANÇAIS, A DIVERSES ÉPOQUES. SON ACCROISSEMENT SUCCESSIF.

Le territoire français est naturellement divisé en cinq grandes parties, comprenant les bassins hydrographiques des cinq grands fleuves qui l'arrosent. Celui du *Rhône*, à l'est ; celui de la *Seine*, vers le milieu ; celui de la *Loire*, dans le milieu même ; celui de la *Garonne*, au sud ; et le *bassin du Rhin*, au nord.

Tout le pays non compris dans ces cinq parties se divise en sept petits bassins, appelés côtiers ou secondaires ; deux au midi, 1° celui du *Var*, 2° celui de l'*Aude* et de l'*Hérault* ; quatre à l'ouest, 1° celui de l'*Adour*, 2° celui de la *Charente*, 3° celui de la *Vilaine*, 4° celui de l'*Orne* ; un au nord, celui de l'*Escaut* et de la *Somme*.

Sous les Romains, la Gaule, dont la France comprenait la majeure partie, se divisait en quatre grandes provinces : 1° la *Narbonnaise*, entre les Alpes, la Méditerranée et le Rhône ; 2° l'*Aquitaine*, entre le Rhône, les Pyrénées, l'Océan et la Loire ; 3° la *Lyonnaise*, entre la Loire, le Rhône et la Seine ; 4° la *Belgique*, entre la Seine, le Rhin et la Manche.

Bientôt le territoire occupé par les Romains dans les Gaules fut l'objet de la convoitise de plusieurs peuples, entr'autres des Francs, des Visigoths et des Bourguignons, qui, venant disputer aux Romains la possession d'un si beau pays, s'y établirent, les Francs dans le nord, les Visigoths dans le midi, les Bourguignons dans l'est, les Romains dans l'intérieur, et formèrent ainsi quatre empires.

Sous la première race des rois de France, le territoire fut souvent divisé entre les enfants du roi défunt : à la mort de Clovis Ier, ses quatre fils partagèrent la monarchie et en formèrent quatre royaumes, sous les noms de Paris, Orléans, Soissons et Metz. Il en fut de même à la mort de Clotaire Ier.

La faiblesse des rois de la seconde race ayant laissé prendre trop d'empire aux seigneurs français, occasionna une nouvelle division du territoire, en duchés, comtés et principautés, en faveur de ces mêmes seigneurs, qui se virent bientôt plus puissants que le roi, leur maître, souvent réduit à la possession de son domaine privé.

Sous la troisième race, la France fut divisée en 33 provinces, administrées au nom du roi, par des gouverneurs particuliers et par des conseils appelés *parlements*.

Enfin la France se divise aujourd'hui en 86 départements, qui se subdivisent en 363 arrondissements, subdivisés à leur tour en 37,012 communes, ayant ensemble une population d'environ 33,600,000 habitants.

IVe ENTRETIEN.

ACCROISSEMENT SUCCESSIF DU ROYAUME DE FRANCE.

Les Francs ne possédèrent d'abord que le nord de la France, à peu près les petits bassins de la Somme, de l'Escaut, de la Meuse et de la Moselle. Clovis Ier se rendit maitre de tout ce que les Romains possédaient et bientot il chassa les Visigoths de leur territoire, et étendit son royaume depuis la Belgique jusqu'aux Pyrénées. Restait la Bourgogne, comprise à peu près dans le bassin du Rhône; Clotaire II s'en rendit maitre en faisant mourir Brunehaut, qui en était régente pour ses petits-fils, et dès-lors les rois de France se trouvèrent à peu près en possession de tout le territoire dont se compose aujourd'hui le royaume (1).

ACCROISSEMENT SUCCESSIF DU DOMAINE DE LA COURONNE.

Nous venons de voir que le gouvernement féodal, en divisant le royaume en comtés, en duchés, etc. avait presque dépouillé les rois de tout leur apanage, et avait tellement affaibli leur puissance, que le moindre seigneur eût pu leur faire la guerre. Cependant plusieurs rois firent de louables efforts

(1) Nous ne parlons pas des conquêtes de Charlemagne, ni de celles de Napoléon : c'est aux maitres à en dire un mot.

pour ressaisir l'autorité, et soit par la force des armes, par ruse, ou par mariage, soit par donations ou par intrigues, ils vinrent à bout de reprendre l'empire sur toute la monarchie ; en voici les époques :

En 1100, Philippe Ier acquit le Berri.

En 1202, Philippe-Auguste prit la Touraine aux Anglais.

En 1203, le même prince leur enleva aussi la Normandie.

En 1242, St. Louis acquit le Perche et la Saintonge.

En 1271, Philippe-le-Hardi acquit le Languedoc, par héritage.

En 1286, Philippe-le-Bel acquit par mariage le Lyonnais et la Champagne.

En 1349, Philippe de Valois reçut en don le Dauphiné.

En 1364, Charles V prit le Limousin aux Anglais.

En 1371, le même prince leur prit encore le Poitou.

En 1372, le même prince leur enleva l'Aunis et la Saintonge.

En 1451, Charles VII réunit l'Angoumois à la couronne ; et en 1453, il enleva la Guienne aux Anglais.

En 1481, Louis XI réunit à la couronne l'Anjou et le Maine.

En 1482, le même prince acquit par héritage la Provence et la Bourgogne.

En 1527, François Ier acquit le Bourbonnais, la Marche et l'Auvergne.

En 1532, le même prince acquit la Bretagne, par mariage.

En 1589, Henri IV apporta à la couronne le Béarn et le comté de Foix, dont il était souverain.

En 1642, Louis XIII conquit l'Artois sur les Espagnols.

En 1648, le même prince conquit le Roussillon.

En 1667, Louis XIV porta le dernier coup à la féodalité et acquit le Nivernais. En la même année, ce prince acquit la Flandre et le Hainaut.

En 1674, il enleva la Franche-Comté aux descendants de Charles-Quint.

En 1713, il reçut l'Alsace par concession.

En 1735, Louis XV acquit la Lorraine, en échange contre la Toscane.

En 1768, la Corse fut conquise par les Français, sous Louis XV.

En 1791, le comtat d'Avignon fut enlevé au Pape, par la république.

Ve ENTRETIEN.

DIVISIONS ADMINISTRATIVES DE LA FRANCE.

En outre de la division en départements, arrondissements et communes, la France se divise encore, sous le rapport judiciaire, en 27 cours royales, subdivisées dans leur ressort en 363 tribunaux de 1re instance, qui se subdivisent encore en 2,882 cantons ou justices de paix.

Sous le rapport scientifique, en 27 académies, auxquelles est confié le soin de l'instruction des Français, et dont les ressorts sont les mêmes que ceux des cours royales.

Sous le rapport religieux, en 14 archevêchés et en 66 évêchés, subdivisés en paroisses, administrées par MM. les curés.

Sous le rapport militaire, en 21 divisions militaires, commandées par autant de lieutenants-généraux, subdivisées en départements, commandés par des maréchaux-de-camp.

Enfin elle se divise encore en 20 conservations des forêts.

GOUVERNEMENT FRANÇAIS.

Le gouvernement français est *monarchique*, *constitutionel* et *représentatif.* Le roi est le chef suprême de l'état ; à lui seul appartient la puissance exécutive, le droit de faire grâce, le commandement de l'armée de terre et de mer et la nomination à tous les emplois importants civils, militaires et religieux. Il peut déclarer la guerre et faire la paix quand l'honneur ou les intérêts de la nation le demandent.

La personne du roi est sacrée et inviolable. Ses ministres sont seuls responsables des actes du gouvernement.

Les lois se font par le concours de deux chambres ou conseils, la chambre des Pairs et celle des Députés : le roi nomme à la première, et le peuple à la seconde.

Le roi propose la loi ; elle est portée à la chambre des Pairs et à celle des Députés ; quand elle a été discutée et adoptée par les deux chambres, le roi la sanctionne, la promulgue et la fait exécuter.

La direction de toutes les affaires de l'état se partage en neuf grandes divisions appelées *ministères.*

VIe ENTRETIEN.

MINISTÈRE DE L'INTÉRIEUR.

Ce ministère embrasse tout ce qui est relatif à l'administration des départements : la garde nationale, le télégraphe, les prisons, les écoles vétérinaires, les archives, les haras, les manufactures, etc.

MINISTÈRE DE LA JUSTICE.

Ce ministère a dans ses attributions tout ce qui est relatif à l'ordre judiciaire. Autrefois il existait en France 490 coutumes servant de lois dans autant de localités : c'est ce qu'on appelait droit coutumier. Depuis Napoléon, les coutumes ont été remplacées par les divers codes, servant à tous les tribunaux du royaume.

La justice est rendue en matière civile et criminelles 1° par les juges de paix, dans les cantons ; 2° par les tribunaux de 1re instance, dans les chefs-lieux d'arrondissement ; 3° par les tribunaux de commerce ; 4° par les cours royales ; 5° par les cours d'assises ; 6° par la cour de cassation ; 7° par la chambre des Pairs, qui se transforme en cour judiciaire, pour les grands crimes, appelés crimes d'état.

Les cours d'assises siègent dans chaque chef-lieu de département. Ce tribunal se compose des juges du tribunal de 1re instance du lieu et du jury.

Outre ces tribunaux, il y a dans chaque commune un tribunal de simple police correctionnelle, présidé par le maire, et composé des conseillers municipaux, appelé à connaître des contraventions aux réglements de police et de voirie municipale.

Les tribunaux de commerce, au nombre de 213, sont établis dans les villes les plus commerçantes pour connaître des contestations entre commerçants.

Dans les villes manufacturières, un conseil de prud'hommes s'occupe des contestations entre les maîtres et les ouvriers.

La cour de cassation existe pour toute la France. A elle peuvent être déférés tous les jugements rendus par les divers tribunaux du royaume, en dernier ressort. Elle les casse, les annule, lorsqu'ils contiennent quelque défaut de forme ou quelque violation de la loi. Ce tribunal se compose de tout ce qu'il y a de plus distingué parmi les jurisconsultes de la France.

Enfin la cour des comptes s'occupe de la vérification des comptes rendus par toutes les administrations publiques. Ces deux derniers siégent à Paris.

VIIe ENTRETIEN.

MINISTÈRE DE L'INSTRUCTION PUBLIQUE.

Ce ministère embrasse tout ce qui est relatif à l'enseignement public : l'université, les académies, les facultés, les colléges, les écoles primaires, les instituts et les bibliothèques.

L'Université de France a un grand-maître, qui préside le conseil royal d'instruction publique, où se discutent les grands intérêts de l'enseignement. Chaque académie a un recteur, un inspecteur général et un inspecteur primaire.

MINISTÈRE DES CULTES.

Ce ministère s'occupe de ce qui a rapport aux différentes religions autorisées par l'état, et dont les ministres sont soldés par le trésor public.

Culte Protestant.

Un consistoire général, établi à Strasbourg, s'occupe de l'administration générale de la religion dite *réformée*. Les Protestants ont des temples, des pasteurs, des consistoires et des synodes ou assemblées.

Culte Israélite.

Les Israélites ont des synagogues consistoriales à Paris, à Strasbourg, à Metz, à Nancy, à Bordeaux, à Marseille, etc. Le consistoire de Paris est présidé par un *grand rabbin*.

MINISTÈRE DU COMMERCE ET DES TRAVAUX PUBLICS.

Ce ministère a dans ses attributions les hospices, les ponts et chaussées, la navigation des rivières, la délivrance des brevets d'invention et de perfectionnement, etc.

VIIIe ENTRETIEN.

MINISTÈRE DES FINANCES.

Ce ministère s'occupe des dépenses et recettes de l'état. A lui sont adressées toutes les demandes ou requêtes sur les impositions. C'est par ses mains que passent toutes les sommes votées pour le budget de l'état.

L'administration financière comprend les portes et fenêtres, l'enregistrement des domaines, les douanes, les contributions directes et indirectes, les forêts, les monnaies, etc.

MINISTÈRE DE LA MARINE ET DES COLONIES.

Ce ministère comprend le personnel et le matériel des bâtiments ou vaisseaux de l'état, l'administration et la défense des colonies, l'administration et la police des bagnes, etc.

MINISTÈRE DES AFFAIRES ÉTRANGÈRES.

Ce ministère s'occupe des négociations avec l'étranger, du maintien et de l'exécution des traités faits avec les puissances, de la correspondance avec les ambassadeurs et les consuls établis par la France dans les villes les plus commerçantes du monde.

MINISTÈRE DE LA GUERRE.

Ce ministère comprend le personnel et le matériel de tout ce qui a rapport à l'armée et à la défense du royaume.

L'armée, dont l'effectif varie suivant les circonstances, comprend l'état-major général, la gendarmerie, le génie, l'artillerie, la cavalerie, l'infanterie, les équipages militaires et les vétérans.

L'armée française se compose actuellement des corps ci-après, savoir :

75 régiments d'infanterie de ligne.

25   id.   id.   légère.

2 bataillons de tirailleurs.

3 bataillons d'infanterie légère, en Afrique.
1 légion étrangère, composée des réfugiés.
3 régiments du génie.
45 compagnies de vétérans, tant pour les officiers que pour les sous-officiers et soldats
de toutes armes.
2 régiments de carabiniers de réserve, à cheval.
10 id. de cuirassiers.
12 id. de dragons.
8 id. de lanciers.
12 id. de chasseurs.
6 id. de hussards.
4 id. de chasseurs d'Afrique.
14 id. d'artillerie à pied et à cheval.
5 escadrons de train des parcs d'artillerie.
24 légions de gendarmerie à pied et à cheval, etc.

IXe ENTRETIEN.

**ORGANISATION RÉGIMENTAIRE. SOLDE DES OFFICIERS,
SOUS-OFFICIERS ET SOLDATS.**

Un régiment d'infanterie se compose de trois
bataillons.

Un bataillon se compose de huit compagnies.
Une compagnie se compose de deux *sections;*
Une section se compose de deux *divisions;*
Une division se compose de deux *escouades.*
Le chef d'un régiment se nomme colonel, fr. c.
il a par jour. 13 88
Le chef d'un bataillon se nomme com-
mandant. . . . . 10 »
Le chef d'une compagnie ⎰ 1re classe. . 6 66
se nomme capitaine, ⎱ 2e id. . . 5 55
Les chefs des sections ⎰ 1° lieutenant. . 4 25
se nomment ⎱ 2° sous-lieuten. 3 75
Le chef d'une division se nomme sergent. » 82
Le chef d'une escouade se nomme ca-
poral. . . . . » 58

L'état-major d'un régiment se compose :

1° du colonel et du lieutenant-colonel ; celui-ci a par jour. 11 94

2° des trois commandants ou chefs de bataillon. . . . . 10 »

3° du gros-major, chargé de l'habillement et de l'équipement. . . . . 10 »

4° des capitaines-trésoriers et d'habillement. . . . . , ... 5 55

5° du porte-drapeau , chargé du casernement. 3 88

6° de trois chirurgiens , dont un major. 5 55
et les deux aides , qui ont. 4 25

7° de trois capitaines , adjudants-majors. 5 55

8° de trois adjudants sous-officiers. . . . 1 60

9° du tambour-major et de trois maîtres tambours ; le tambour-major a, comme les sergents-majors. 1 15

Les tambours-maîtres ont . . . . » 58

10° de la musique ; le traitement de chaque musicien varie suivant son talent.

Le soldat à 0 fr. 45 c. par jour, avec le pain ; mais, y compris son habillement, son équipement et armement, il coûte plus d'un franc par jour au gouvernement.

Sans parler de la solde des généraux et des autres officiers de tout grade, dont les traitements sont plus ou moins forts, il est facile, d'après ces connaissances, de faire la supputation de ce que coûte l'armée, connaissant son effectif (1).

Le temps du service en France est actuellement fixé à *huit ans*. Tous les ans, une partie de l'armée est libérée et remplacée par des recrues , qu'on lève tant pour l'armée de terre que pour la marine.

L'enfant mâle de troupe jouit d'une gratification

____

(1) La solde est plus forte pour la cavalerie, l'artillerie, le génie, la gendarmerie , etc.

de 22 centimes par jour, avec le pain ; en marche, il a 42 centimes.

Toutes les troupes en station à Paris jouissent d'une haute paie, plus ou moins forte suivant le grade.

Xe ENTRETIEN.

ADMINISTRATION COMMUNALE.

Nous avons dit que la France comprenait 37,012 communes, parmi lesquelles on distingue les communes urbaines, au-dessus de 1,500 habitants (1,088), et les communes rurales, au-dessous de 1,500 habitants (35,924).

Le dépositaire unique de l'autorité administrative, dans une commune, s'appelle *maire*. Ses fonctions sont : l'établissement et la conservation des actes civils, tels que les naissances, les mariages et les décès des citoyens ; l'administration des ressources de la commune et leur emploi en travaux utiles au bonheur des citoyens. Il est aidé dans ses fonctions par un ou plusieurs adjoints, suivant l'importance de la commune, et par un conseil municipal, composé des plus notables citoyens. Pour ce qui regarde l'administration, le maire correspond directement avec le sous-préfet.

Le maire est chargé de percevoir les revenus de la commune, de maintenir, au moyen de la police, le bon ordre et la tranquillité parmi les citoyens ; de délivrer les passeports à l'intérieur ; de veiller à la salubrité et à la propreté de la ville, de protéger le commerce et l'industrie, d'assurer la liberté et l'exercice des cultes ; de faciliter l'instruction publique et les découvertes utiles.

A Lyon, le maire est aidé par huit adjoints, qui sont de droit membres du conseil municipal, composé de quarante citoyens.

Le travail de la mairie de Lyon se répartit en

sept bureaux principaux : 1° secrétariat, 2° état-civil, 3° comptabilité, 4° contributions, 5° architecture, 6° voirie, 7° police.

Toutes les communes sont administrées de la même manière.

REVENUS OU RESSOURCES D'UNE COMMUNE.

Toutes les communes ont des revenus plus ou moins forts ; les unes les retirent de la location des terrains communaux, les autres du produit des entrées, etc.

La ville de Lyon retire ses ressources, 1° de portions prises sur les contributions foncières, personnelles et mobilières, et sur les patentes ; 2° de la location de diverses propriétés communales ; 3° du produit de différentes fermes consenties par la ville ; 4° des permissions de voirie pour étalage ; 5° du produit du service des inhumations ; 6° d'une portion du produit des entrées, etc. etc.

Toutes les villes ont à peu près les mêmes ressources.

XIe ENTRETIEN.

DÉPENSES D'UNE VILLE OU COMMUNE.

Les dépenses des communes sont en raison de leurs revenus ; mais toutes en ont d'indispensables, telles que l'entretien des chemins vicinaux, des églises, des presbytères, le pavage des rues, etc.

Les dépenses de la ville de Lyon sont : 1° les frais d'administration, le traitement des employés ; 2° l'entretien et la construction des bâtiments communaux ; 3° les pompes à incendie, les pompes et fontaines publiques ; 4° l'éclairage, le nettoiement et l'arrosage de la ville ; 5° les dépenses secrètes de la police ; 6° la subvention due aux troupes en garnison dans la ville, qui est de 7 fr. par homme et de 3 fr. par cheval, par année ; 7° les secours aux établissements de charité, tels que les bureaux de bienfaisance, l'Hôtel-Dieu, l'Antiquaille, la Charité ; 8° les frais d'instruction publique, des beaux-arts, des fêtes annuelles publiques, etc. etc.

La ville de Lyon se divise en 6 cantons ou justices de paix ; ajoutez à ce nombre les cantons de l'*Arbresle*, de *Ste-Colombe*, de *St-Genis-Laval*, de *Givors*, de *St-Laurent-Chamousset*, de *Vaugneray*, de *Limonest*, de *Neuville*, de *St-Symphorien*, de *Mornant*, et vous aurez l'arrondissement de Lyon. Joignez-y encore les cantons suivants : celui de *Villefranche*, de *Beaujeu*, de *Belleville*, d'*Anse*, de *Monsol*, de *St-Nizier*, de *Bois-d'Oingt*, de *Tarare*, de *Thizy*, et vous aurez l'arrondissement de Villefranche, qui, joint à celui de Lyon, forme le département du Rhône.

Ce département, borné au levant par ceux de l'*Ain* et de l'*Isère* ; au nord, par celui de *Saône-et-Loire* ; au couchant et au midi, par celui de la *Loire*, tire son nom du fleuve qui l'arrose. Ses richesses minérales consistent : en mines de cuivre, en carrières de granit, de pierres à batir et à chaux, etc. Il présente en général un terrain montueux et peu fertile, mais bien cultivé ; il a cependant d'excellents vignobles, sous le nom de *Condrieux*, *Côtes-Rôties*, *Millery*, *Ste-Foy* et *Beaujolais*. L'industrie manufacturière y a élevé d'importants établissements, pour filature, soierie, chapellerie, papeterie, papiers peints, forges, et passementerie, etc. etc.

Sa population est d'environ 430,000 habitants.

XIIe ENTRETIEN.

ADMINISTRATION DÉPARTEMENTALE.

Le chef d'un département se nomme *préfet*. Il exerce une partie de la puissance exécutive ; ses fonctions se bornent à faire exécuter les lois, et ses pouvoirs sont limités.

Les attributions d'une préfecture sont : l'état civil, militaire et politique des citoyens, les élections, le jury, la garde nationale, la liberté individuelle, les réfugiés, l'imprimerie, la librairie, le télégraphe, la police des théâtres, les passeports à l'extérieur, la vente des poudres et salpêtres, la chasse, les manufactures, les visas et légalisations, les ponts-et-chaussées, la navigation des rivières, l'administration des communes, les églises, les cultes, le mont-de-piété, les écoles primaires, la police rurale, les contributions directes et indirectes, l'enregistrement des domaines, les poids et mesures, les hôpitaux, etc.

Dans chaque département, il existe un conseil-général, composé de membres choisis parmi les plus forts contribuables. Il tient annuellement une session de 15 jours, pour faire la répartition proportionnelle des contributions par arrondissement et entendre le compte rendu par le préfet.

Un conseil d'arrondissement est chargé de répartir les impôts par communes et d'entendre le compte rendu par le sous-préfet. Il existe encore un conseil dit de préfecture, composé de 5 membres, qui statue sur les réclamations des citoyens, sur quelque point que ce soit, et sur l'autorisation des particuliers à plaider contre les communes.

Toutes les préfectures et sous-préfectures sont administrées de la même manière.

VILLES ET LIEUX REMARQUABLES

PAR DÉPARTEMENTS.

XIIIe ENTRETIEN.

68. DÉPARTEMENT DU RHONE (2 arrondissements, *Lyon*, *Villefranche*).

Lyon, Lugdunum (175,000 hab.), au confluent

du Rhône et de la Saône, seconde ville de France ; bâtie environ 45 ans avant J. C. embrassa le christianisme vers l'an 150 de notre ère.

Ses monuments les plus remarquables, sont : la cathédrale, la cloche et l'horloge de St-Jean, l'Hôtel-de-Ville, fondé en 1647 et achevé en 1655, sur le plan de *Simon Maupin*, architecte de la ville ; l'Hôtel-Dieu, fondé en 548, par Childebert, sixième roi de France, et Ultrogothe, son épouse, dont on voit les statues sur le milieu de la façade, qui fut bâtie, ainsi que le dôme, en 1756, par l'architecte Soufflot ; le palais St-Pierre, autrefois couvent de religieuses, fondé en 376 par un nommé Albert ; le Collége, dont la première fondation date de 1527, rebâti depuis, sur le plan de Martel-Ange, frère jésuite à Lyon ; la salle de la bibliothèque est remarquable ; la Charité, dont la fondation date de 1531, mais dont l'établissement tel qu'il est aujourd'hui n'est que de 1613 ; l'Antiquaille, qui tire son nom d'un palais antique des Césars, sur les ruines duquel l'hospice a été bâti ; c'est dans un de ses caveaux que fut emprisonné le bienheureux St. Pothin, premier évêque de Lyon ; l'oratoire de Fourvières, dont la fondation remonte à l'an 814, par {Leydrade, archevêque de Lyon, bâti sur l'ancien *Forum* des Romains.

Parmi les églises, on cite, après celle de St-Jean, la basilique de St-Nizier, d'abord église des Apôtres. Ce n'était dans les premiers temps qu'un oratoire souterrain, creusé par St. Pothin, au milieu d'un petit bois, dédié à la Ste. Vierge ; St. Nizier, archevêque de Lyon, y ayant été enterré en 573, elle est depuis restée sous l'invocation de ce saint.

L'église des Martyrs, ou basilique de St-Irénée, qui servit de tombeau à ce saint et à deux amis, St. Epipode et St. Alexandre, martyrs de la première persécution, vers l'an 78 de J. C.

L'église d'Ainay, bâtie sur l'emplacement de

l'ancien temple que 60 nations gauloises dédièrent à Auguste. Elle était autrefois l'église d'une abbaye très-célèbre, fondée par St. Badulphe.

L'église de St-Just, d'abord sous l'invocation des Machabées, en 385 sous celle de St. Just. Elle a été réparée avec beaucoup de soin, et elle est aujourd'hui une des plus belles églises paroissiales de Lyon.

L'église de St-Paul, fondée par St. Sacerdos, en 580, architecture gothique. Les grandes réparations qu'on y a exécutées l'ont placée au rang des plus belles basiliques de Lyon.

Parmi les autres objets dignes de remarque, on cite les ponts du Rhône, tous très-beaux et très-solides, et entr'autres celui de la Guillotière, commencé en 1250, par les soins du pape Innocent IV, et fini en 1559. Plusieurs événements tragiques l'ont rendu célèbre, surtout celui du 11 octobre 1711 (1).

Le pont Morand date de 1774 ; il tire son nom de l'architecte qui en conçut l'idée et qui le fit construire.

Les ponts sur la Saône ne le cèdent en rien aux premiers. Celui de Tilsitt ou de l'Archevêché, construit en 1808, par l'ingénieur Carron, mérite d'être cité ; mais le plus remarquable est le pont de Pierre ou du Change ; sa construction en pierre date de 1070. Sa plus grande arche, sur la rive gauche, est celle qu'on nommait autrefois *arche des merveilles*.

Lyon n'oubliera jamais les inondations du Rhône et de la Saône, dont il a été victime en 1840, du 29 octobre au 10 novembre.

Les environs de Lyon ne méritent pas moins d'attention. L'Ile-Barbe, où était autrefois un monastère très-célèbre, et où l'on allait en procession

(1) Voir l'Histoire de Lyon.

en bateaux, le jour de la fête des merveilles ; et les Brotteaux, au milieu desquels s'élève le tombeau des victimes du siège de Lyon , sont des promenades très-fréquentées et où se trouvent réunis les plaisirs de plus d'un genre.

Lyon est la patrie de trois empereurs romains : Claude , Marc-Aurèle et Caracalla, et d'un grand nombre d'autres hommes illustres.

XIVe ENTRETIEN.

40. DÉPARTEMENT DE LA LOIRE (3 arrondissements , *Montbrison* , *St-Etienne* , *Roanne*).

Ce département fait partie du diocèse, du ressort de la cour royale et de l'académie de Lyon. Il tire son nom du fleuve qui l'arrose.

Montbrison, chef-lieu du département, a des eaux minérales et des fabriques de toile et de batiste.

St-Etienne. Depuis quelques années cette ville a pris une extension considérable. Elle a une manufacture royale d'armes. Elle communique avec Lyon et Roanne par un chemin-de-fer qui donne une grande activité au commerce et fait en quelque sorte de St-Etienne un faubourg de Lyon.

St-Galmier, petit bourg, est connu par sa fontaine dont l'eau a un goût vineux très-sensible.

37. DÉPARTEMENT DE L'ISÈRE (4 arrondissem., *Grenoble*, *St-Marcellin*, *Vienne*, *la Tour-du-Pin*).

Ce département tire son nom de la rivière qui le baigne , et fait partie du bassin du Rhône ; il est chef-lieu d'une cour royale et d'une académie.

Grenoble, chef-lieu, ville forte, sur l'Isère, a été depuis quelques années agrandie du double de son étendue. Les remparts ont été rebâtis sur un nouveau plan, qui permet de faire le tour de la ville, toujours à couvert des injures du temps et de l'ennemi. Le fort la Bastille , bâti sur une montagne au nord-ouest de la ville, est imprenable. Sur la place Grenette est une belle fontaine, dont l'eau, sortant d'un tuyau de 5 mètres de haut, retombe en cascade dans deux bassins de différente grandeur, dont un, d'une seule pierre, est d'une capacité remarquable. De ce bassin l'eau tombe dans un plus grand, par 4 dauphins en fonte d'un travail fini, et se répand ensuite dans toute la ville par des conduits souterrains, pour alimenter un grand nombre d'autres fontaines à l'usage des habitants.

Sur la place Bayard, s'élève la statue du chevalier de ce nom. Un magnifique jardin, au milieu de la ville, sert de promenade.

Au nord de cette ville se trouve la Grande-Chartreuse, couvent de religieux, illustré par St. Bruno. La beauté de son site pittoresque et la célébrité du couvent y attirent beaucoup de curieux.

Aux environs de Grenoble on voit une fontaine ardente, d'où sortent de temps en temps des flammes rouges et bleues, qui brûlent le papier, la paille et même le bois.

Vienne n'est remarquable que par son vin dit des *Côtes-Rôties*, et par le concile qui s'y tint en 1311, dans lequel on abolit l'ordre des *Templiers*. On croit que Ponce-Pilate y mourut en exil.

Voiron, fort connu par ses toiles, l'est encore par la bataille qui s'y donna au 530, dans laquelle périt Clodomir, roi d'Orléans, en combattant contre les Bourguignons.

Allevard. A une lieue et demie de cette petite ville, sont encore les ruines du château Bayard, où naquit l'illustre chevalier *sans peur et sans reproches*.

Crémieux, près du Rhône, est remarquable par sa grotte de Notre-Dame-de-la-Balme, où se trouve un lac, sur lequel François Ier s'avança, dit-on, de 2 lieues.

XVe ENTRETIEN.

1. DÉPARTEMENT DE L'AIN (5 arrondissements, *Bourg, Nantua, Belley, Trévoux, Gex*).

3

Ce département tire son nom de la rivière qui l'arrose, et est compris dans le bassin du Rhône. Il fait partie de la cour royale et de l'académie de Lyon.

Bourg, chef-lieu, à deux lieues de cette ville est la vallée de Droin, qui quelquefois se change subitement en un lac, et se dessèche aussi promptement. Cette ville a vu naitre l'amiral Coligny, le grammairien Vaugelas et l'astronome Lalande.

Belley, évêché, est remarquable par sa cathédrale gothique, que l'on admire.

Nantua, sur la Saône, possédait autrefois un des principaux colléges des Jésuites.

70. DÉPARTEMENT DE SAONE-ET-LOIRE (5 arrondissements, *Mâcon*, *Autun*, *Chalons-sur-Saône*, *Louhans*, *Charolles*).

Ce département tire son nom d'un fleuve et d'une rivière qui le baignent. Il est compris en partie dans le bassin du Rhône, et en partie dans le bassin de la Loire. Il est du ressort de la cour royale et de l'académie de Dijon.

Mâcon, chef-lieu ; cette ville avait, du temps des Romains, une forte fabrique de flèches. On y admire les bains publics et le pont sur la Saône, que l'ont croit avoir été construit par César.

Autun est célèbre par ses antiquités romaines. Cette ville florissait, dans les premiers temps de la monarchie française, par son école.

Chalons-sur-Saône, première résidence des rois de Bourgogne, dans une situation agréable. Le canal du Centre, qui y joint la Saône, en fait, avec celle-ci qui communique au Rhin par le canal de l'Est, le point central du commerce entre le nord et le midi de la France.

XVIe ENTRETIEN.

25. DÉPARTEMENT DE LA DROME (4 arrondissements, *Valence*, *Die*, *Nions*, *Montélimar*.

Ce département tire son nom de la rivière qui l'arrose ; il fait partie du bassin du Rhône, et est du ressort de la cour royale et de l'académie de Grenoble.

Valence, chef-lieu, sur le Rhône, près de son confluent avec l'Isère, est le dépôt des soies et des vins du pays.

Sa cathédrale renferme un mausolée en l'honneur du pape Pie VI, qui y mourut en 1779. Cette ville possède une école d'artillerie.

Die, sur la Drôme, est célèbre par son vin dit *clairette de Die*.

Romans, sur l'Isère, soutint, en 1815, un siége de quelques jours contre les alliés. On y remarque le pont, l'église et l'horloge dit de Jacquemard.

6. Département de l'Ardèche (3 arrondissements, *Privas, Tournon, l'Argentière*).

Ce département fait partie du bassin du Rhône, de la cour royale et de l'académie de Nîmes; son évêché est à Viviers.

Privas, chef-lieu, est remarquable par ses jardins anglais. Louis XIII l'assiégea en personne et la prit en 1629.

Tournon, sur le Rhône, possède un beau pont suspendu en fil de fer, et un beau pont en pierre, d'une seule arche, sur la Dreux; cette ville fait le commerce des vins fins de l'Hermitage.

Annonay a donné le jour à Montgolfier, inventeur des aérostats et du bélier hydraulique.

Ce département paraît avoir été le théâtre de plusieurs volcans. La chute de l'Ardèche, tombant de 20 mètres de haut, dans un bassin dont on peut faire le tour sans se mouiller; et le pont d'Arc, sur l'Ardèche, formé d'une seule arche et d'un seul bloc de pierre; cette arche ayant, dit M. Constantin, 58 mètres de haut, et 29 de large, sont des objets dignes de remarque.

XVIIe ENTRETIEN.

42. Département de la Haute-Loire (3 arrondissements, *le Puy, Brioude, Issengeaux*).

Ce département fait partie du bassin de la Loire, où elle prend sa source, et est du ressort de la cour royale de Riom et de l'académie de Clermont.

Le Puy, chef-lieu, près de la Loire, est bâtie en amphithéâtre sur le mont Anis ; sa cathédrale est remarquable. L'image miraculeuse de l'immaculée Conception y attire un grand concours de pèlerins.

Le connétable Duguesclin repose dans l'église des Dominicains. Près de la ville on remarque le rocher de St-Michel, où l'on monte par un escalier de 222 marches taillées dans le roc.

Le Puy possède quelques restes de monuments romains, et est la patrie du prince de Polignac.

Brioude a un beau pont, d'une seule arche, sur l'Allier ; son chapitre jouissait autrefois d'une grande célébrité.

62. Département du Puy-de-Dome (5 arrondissements, *Clermont, Riom, Thiers, Ambert, Issoire*).

Ce département est compris dans le bassin de la Loire. Il est le siége d'une cour royale, d'une académie et d'un évêché, et tire son nom d'une montagne qu'il renferme.

Clermont, chef-lieu, était florissante du temps de César ; ce fut sous ses murs, dans la plaine de Montferrand, qu'il défit Vercengétorix, général des troupes gauloises. Cette ville a vu naître le célèbre Pascal, qui fit sur le Puy-de-Dôme l'expérience sur la pesanteur de l'air.

Sa cathédrale et son école de dessin, appliqué aux arts et métiers, sont dignes de remarque.

Riom, siége de la cour royale, a vu naître Grégoire de Tours.

Aigueperse est la patrie du chancelier de l'Hôpital.

Volvic possède une école d'architecture pour la taille des pierres.

XVIIIe ENTRETIEN.

3. Département de l'Allier (4 arrondissements, *Moulins, Gannat, Lapalisse, Montluçon*).

Ce département fait partie du bassin de la Loire, du ressort de l'académie de Clermont et de la cour royale de Riom, et tire son nom de la rivière qui l'arrose.

Ce département est riche en eaux minérales : celles de Bourbon-l'Archambaud et de Vichy sont les plus connues.

Moulins, chef-lieu, sur l'Allier, possède le tombeau du connétable de Montmorency. On y remarque de belles fontaines et des promenades agréables.

38. DÉPARTEMENT DU JURA (4 arrondissements, *Lons-le-Saunier, Poligny, Dôle, St-Claude).*

Ce département, compris dans le bassin du Rhône, dans le ressort de la cour royale et de l'académie de Besançon, est de l'évêché de St-Claude. Il tire son nom des montagnes du Jura.

Lons-le-Saunier, chef-lieu, a une saline remarquable.

Dôle, sur le Doubs, autrefois capitale de la province, fut prise par Louis XIV, qui la dépouilla du siége du gouvernement, qu'il transporta à Besançon.

St-Claude, évêché, est connue par ses jolis ouvrages en corne, buis et ivoire.

Salins fut presque entièrement détruite par un incendie en 1825.

XIXe ENTRETIEN.

24. DÉPARTEMENT DU DOUBS (4 arrondissements, *Besançon, Pontarlier, Montbeillard, Baume).*

Ce département, compris dans le bassin du Rhône, dans la cour royale, l'académie et l'archevêché de Besançon, tire son nom de la rivière qui l'arrose.

Besançon, sur le Doubs, place forte, chef-lieu; sa citadelle est sur un rocher.

On remarque dans ce département la chute du Doubs, de 26 mètres de haut; la fontaine ronde, qui a un flux et reflux; la grotte d'Osselle; la glacière naturelle de Baume, qui a 45 mètres de profondeur.

Montbeillard, près de la jonction du canal de Monsieur au Doubs, fabrique des mouvements de pendule.

69. Département de la Haute-Saone (3 arrondissements , *Vesoul, Lure, Gray*).

Ce département, qui fait partie du bassin du Rhône, de la cour royale, de l'académie et de l'évêché de Besançon, tire son nom de la rivière qui l'arrose et qui y prend sa source aux monts Faucilles.

Vesoul, chef-lieu, a des blanchisseries de cire. En 1586, la peste fit périr tous les habitants à l'exception de 75. Près de cette ville est un gouffre appelé Frais-Puits, presque toujours à sec; mais quand l'eau vient à s'y précipiter par l'effet des inondations, elle en est presque aussitôt repoussée avec impétuosité et en bouillonnant.

Gray, sur la Saône, est connue par ses beaux moulins à farine.

XXe ENTRETIEN.

20. Département de la Cote-d'Or (4 arrondissements, *Dijon, Beaune, Chatillon-sur-Seine, Semur*).

Ce département, moitié dans le bassin du Rhône et moitié dans celui de la Seine, où elle prend sa source, est le chef-lieu d'une cour royale, d'une académie et d'un évêché. Il tire son nom de la fertilité des montagnes qui s'étendent de Chalons à Dijon.

Dijon, chef-lieu, sur le canal de Bourgogne, fabrique de la moutarde renommée. On y remarque l'église St-Michel, la flèche de St-Bénigne, haute de 120 mètres, l'ancien palais des états-généraux, la préfecture et les promenades. C'est la patrie de Philippe-le-Bon, de Jean-sans-Peur, ducs de Bourgogne, et de Bossuet.

Beaune, aux pieds du mont Affrique, est renommée pour ses vins. On y remarque le théâtre et l'hôpital.

57. Département de la Nièvre (4 arrondissements, *Nevers, Cosne, Clamecy, Château-Chinon*).

Ce département, compris en partie dans le bassin de la Loire et en partie dans celui de la Seine, est du ressort de la cour royale et de l'académie de Bourges et de l'évêché de Nevers. Il tire son nom d'une petite rivière qui le baigne.

Nevers, chef-lieu, sur la Loire, au confluent de

la Nièvre, a de belles fonderies pour la marine ; l'émail de sa fabrique se fait remarquer. Cette ville possède une belle porte en arc de triomphe et une belle citadelle de Vauban. C'est la patrie d'Adam, poète et menuisier, dit *Virgile au rabot*.

A 3 lieues N.-O. de cette ville est la petite ville de Pougues, connue par ses eaux minérales ferrugineuses.

XXIᵉ ENTRETIEN.

17. Département du Cher (3 arrondissements, *Bourges, St-Amand, Sancerre*).

Ce département, compris dans le bassin de la Loire, est le siège d'une cour royale, d'une académie et d'un archevêché ; il tire son nom de la rivière qui le traverse.

Bourges, chef-lieu, est la ville la plus centrale de la France. On y admire la cathédrale, d'architecture gothique. C'est la patrie de Louis XI et de Bourdaloue. Le séjour qu'y fait Don Carlos, prétendant à la couronne d'Espagne, laissera à cette ville un nouveau genre de célébrité.

Sancerre, sur la Loire, est remarquable par le siége qu'elle soutint en 1575 contre les troupes de Charles IX.

Méhun possède les ruines d'un vaste château, bâti par Charles VII, dans lequel on dit que ce prince mourut.

35. Département de l'Indre (4 arrondissements, *Chateauroux, Leblanc, La Châtre, Issoudun*).

Ce département fait partie du bassin de la Loire, de la cour royale, de l'académie et de l'archevêché de Bourges, et il tire son nom de la rivière qui l'arrose et qui y prend sa source.

Chateauroux, chef-lieu, sur l'Indre, n'a aucune curiosité et n'est connue que par son commerce de laine et ses fabriques de drap estimé.

XXIIᵉ ENTRETIEN.

22. Département de la Creuse (4 arrondissements, *Guéret, Aubusson, Boussac, Bourganeuf*).

Ce département, compris dans le bassin de la Loire, dans la cour royale, l'académie et l'évêché de Limoges, tire son nom de la rivière qui y prend naissance.

Guéret, chef-lieu, sur la Creuse, fait commerce de bestiaux et de laine.

Aubusson, sur la Creuse, a une manufacture royale de tapis.

Bourganeuf a de bonnes papeteries et une tour d'une hauteur et d'une grosseur prodigieuses.

18. DÉPARTEMENT DE LA CORRÈZE (3 arrondissements, *Tulle*, *Brives-la-Gaillarde*, *Ussel*).

Ce département, compris dans le bassin de la Garonne, est du ressort de la cour royale et de l'académie de Limoges et de l'évêché de Tulle ; il tire son nom de la rivière qui l'arrose.

Tulle, chef-lieu, sur la Corrèze, est connue par la dentelle de son nom, par la manufacture d'armes à feu et par la tour de son église, qui a 75 m. de haut.

14. DÉPARTEMENT DU CANTAL (4 arrondissements, *Aurillac*, *St-Flour*, *Murat*, *Mauriac*).

Ce département fait partie du bassin de la Garonne, de la cour royale de Riom, de l'académie de Clermont et de l'évêché de de St-Flour, et tire son nom d'une montagne.

Aurillac, chef-lieu, sur la Jordane, petite rivière dont on utilise les eaux pour laver la ville, qui est d'une propreté sans égale. Cette ville a vu naître Gerbert, mathématicien et mécanicien, inventeur des horloges, et pape sous le nom de Silvestre II.

St-Flour, évêché, est sur une montagne escarpée; elle est connue par sa chaudronnerie et sa colle forte.

A 5 lieues sud de cette ville est le gros village de Chaudes-Aigues, connu par ses eaux minérales chaudes dont les habitants se servent pour chauffer leurs demeures, et même pour cuire leurs aliments.

Près de là est Ste-Marie, dont les bains attirent tous les ans de 12 à 15 cents malades.

XXIIIe ENTRETIEN.

47. DÉPARTEMENT DE LA LOZÈRE (3 arrondissements, *Mende*, *Marvéjols*, *Florac*).

Ce département fait partie du bassin de la Garonne, de la cour royale, de l'académie de Nîmes, et de l'évêché de Mende ; il tire son nom d'une montagne.

Mende, chef-lieu, sur le Lot, est remarquable par la flèche de sa cathédrale, qui a près de 81 mèt. de haut, par son hôtel de préfecture et par ses fontaines. On y voit une galerie de beaux tableaux d'Antoine Bernard. On donne au mont Lozère une hauteur de 1,620 mètres.

29. Département du Gard (4 arrondissements, *Nîmes, Uzès, Alais, Le Vigan*.

Ce département fait partie du bassin du Rhône ; il est le siège d'une cour royale, d'une académie, d'un évêché, et tire son nom de la rivière qui l'arrose.

Nîmes, chef-lieu, bâtie dans une plaine agréable et fertile, possède de beaux monuments romains : les Arènes, la Maison-Carrée, l'aqueduc ou pont du Gard, construit pour conduire l'eau à Nîmes, composé de trois rangs d'arcades les unes sur les autres. Le premier pont, sur lequel on passe, n'a que 6 arches; le second en a 10, et le troisième 35. Parmi les monuments modernes de cette ville, on cite la cathédrale et le palais-de-justice. Nîmes est la patrie de l'empereur Antonin.

Alais a dans ses environs des eaux minérales et des mines de houille.

Beaucaire, séparé de Tarascon par le Rhône, sur lequel on voit un magnifique pont suspendu, est connu par sa foire.

Aigues-Mortes était autrefois un port de mer ; cette ville est aujourd'hui à 2 lieues de la mer. St. Louis s'y embarqua deux fois pour la Terre-Sainte.

Pont-St-Esprit, sur le Rhône, est connu par son pont, qui a 26 arches, 817 mètres de long, et 55 de haut.

XXIVᵉ ENTRETIEN.

81. Département de Vaucluse (4 arrondissements, *Avignon, Orange, Carpentras, Apt*).

Ce département, compris dans le bassin du Rhône, est du ressort de la cour royale, de l'académie de Nîmes et de l'archevéché d'Avignon ; il tire son nom d'une fontaine.

Avignon, sur le Rhône, chef-lieu, ancienne capitale du comtat Venaissin, résidence des papes, depuis 1309 jusqu'en 1377. Ses monuments remarquables sont la cathédrale, l'hôtel des Invalides et le pont en bois sur le Rhône.

Orange est célèbre par un arc de triomphe, élevé en l'honnenr de Marius, vainqueur des Cimbres.

Vaucluse, petit village, est connu par la fontaine de ce nom, dont la source est si abondante, qu'au sortir du sol, elle forme la Sorgue, portant bateau presque à sa naissance.

4. Département des Hautes-Alpes (3 arrondissements, *Briançon, Embrun, Gap*).

Ce département fait partie du bassin du Rhône, de la cour royale, de l'académie de Grenoble, et de l'évêché de Gap. Il tire son nom des montagnes qui le séparent du Piémont.

Gap, chef-lieu, dans un vallon entouré de montagnes arides, n'a de remarquable que le tombeau en albâtre du connétable de Lesdiguières et la caserne d'infanterie.

Briançon, place forte, près des sources de la Durance, est la ville de France la plus près du Piémont. Elle est commandée par un fort situé sur un roc escarpé.

XXVe ENTRETIEN.

5. Département des Basses-Alpes (5 arrondissements, *Digne, Sisteron, Forcalquier, Barcelonnette, Castellane*).

Ce département, compris dans le bassin du Rhône, dans le ressort de la cour royale et de l'académie d'Aix, est de l'évêché de Digne, et tire son nom des Alpes, comme le précédent.

Digne, chef-lieu, possède des eaux minérales très-fréquentées.

Barcelonnette n'est connue que par les nombreuses émigrations de ses habitants, qui se répandent l'hiver dans toute la France, les uns pour utiliser leurs talents en jouant de la vielle, les autres pour colporter diverses marchandises.

80. Département du Var (4 arrondissements, *Draguignan, Grasse, Toulon, Brignoles.*

Ce département forme à lui seul le petit bassin côtier de son nom ; il est du ressort de la cour royale, de l'académie d'Aix et de l'évêché de Fréjus.

Draguignan, chef-lieu, dans une belle plaine, fait le commerce d'huile d'olive.

Toulon, place forte, sur la Méditerranée, port de mer pour la marine de guerre, fut livrée aux Anglais en 1793 ; mais les Français la reprirent la même année, après un siége mémorable, dans lequel fit ses premières armes et se distingua Bonaparte, qui, de simple officier d'artillerie qu'il était, passa général de brigade.

On y remarque l'arsenal de la marine, le lazaret et le bagne.

Fréjus, évêché, est remarquable par le débarquement de Napoléon Bonaparte, à son retour de l'ile d'Elbe.

XXVIᵉ ENTRETIEN.

12. Département des Bouches-du-Rhône. (3 arrondissements, *Marseille, Arles, Aix*).

Ce département, compris dans le bassin du Rhône, est du ressort de la cour royale et de l'académie d'Aix ; une partie de son territoire dépend de l'archevêché d'Aix, et l'autre forme l'évêché de Marseille. Il tire son nom du fleuve qui y finit son cours.

Marseille, chef-lieu, port de mer sur la Méditerranée, évêché, fut bâtie 600 ans, avant J.-C. par une colonie de Phocéens. Cette ville fut ravagée par la peste en 1720 ; le zèle et le courage héroïque de son évêque, Mgr. de Belzunce, contribuèrent puissamment au soulagement des pestiférés.

On admire son port, qui peut contenir 1,200

vaisseaux, et son lazaret, le plus beau du monde.

Arles, sur le Rhône, en face de Beaucaire, fut la capitale du royaume de Provence, érigé par Boson, beau-frère de Charlemagne.

Aix, archevêché, chef-lieu d'académie et de cour royale.

33. DÉPARTEMENT DE L'HÉRAULT (4 arrondissements, *Montpellier, Lodève, Béziers, St-Pons.*)

Ce département forme à lui seul un petit bassin côtier, sur la Méditerranée. Il est le siége d'une cour royale, d'une académie et d'un évêché, et tire son nom de la rivière qui l'arrose.

Montpellier, chef-lieu, est remarquable par son école de médecine, fondée par Déguinthoni, médecin arabe, en 1239; par sa belle fontaine, dite le *Peirou*, et par son jardin botanique, le plus ancien de l'Europe.

Béziers, sur le canal du Languedoc, fut prise d'assaut en 1209, par les croisés contre les Albigeois, et eut beaucoup à souffrir de leur férocité. Les environs de cette ville sont si charmants, qu'on dit proverbialement que si Dieu voulait habiter sur la terre, il habiterait à Béziers.

XXVIIe ENTRETIEN.

11. DÉPARTEMENT DE L'AVEYRON (5 arrondissements, *Rodez, Espalion, Milhau, St-Affrique, Villefranche*).

Ce département, compris dans le bassin de la Garonne, dans la cour royale et l'académie de Montpellier, a Rodez pour évêché, et tire son nom de la rivière qui l'arrose.

Rodez, chef-lieu, sur l'Aveyron, est remarquable par sa cathédrale et surtout par son clocher, surmonté d'une effigie de la Vierge. A partir du milieu jusqu'au sommet, les pierres en sont sculptées.

Ce département renferme la montagne brulante de *Fontagne*, qu'on regarde comme un volcan. De temps en temps on en voit sortir de la fumée et même quelques étincelles de feu, mais qui n'empéchent pas de cultiver et d'habiter le sommet de ce petit vésuve.

45. Département du Lot (3 arrondissements. *Cahors*, *Gourdon*, *Figeac*).

Ce département fait partie du bassin de la Garonne, de la cour royale d'Agen, de l'académie, et de l'évêché de Cahors, et tire son nom de la rivière qui l'arrose.

Cahors, chef-lieu, sur le Lot, n'a de remarquable que sa cathédrale. Cette ville fut prise d'assaut par Henri IV, en 1580.

23. Département de la Dordogne (5 arrondissements, *Périgueux*, *Bergerac*, *Riberac*, *Nontron*, *Sarlat*).

Ce département, compris dans le bassin de la Garonne, est de la cour royale, de l'académie de Bordeaux, de l'évêché de Périgueux, et tire son nom de la rivière qui l'arrose.

Périgueux, chef-lieu, n'a de remarquable que ses promenades. On y trouve quelques restes d'antiquités : les ruines d'un amphithéâtre et d'un temple dédié à Vénus.

XXVIIIe ENTRETIEN.

84. Département de la Haute-Vienne (4 arrondissements, *Limoges*, *St-Irieix*, *Rochechouart*, *Bellac*).

Ce département, compris dans le bassin de la Loire, est du ressort de la cour royale, de l'académie et de l'évêché de Limoges, et tire son nom de la rivière qui le baigne.

Limoges, chef-lieu, sur la Vienne, possède une belle église dédiée à St. Martial. On y remarque l'évêché et la place d'Orsay. A 3 lieues nord de St-Irieix est le bourg de Roche-Abeille, où se donna en 1569 une bataille entre le duc d'Anjou et Coligny, dans laquelle Henri IV fit ses premières armes.

A 5 lieues nord-est de cette même ville est Chalus, où Richard-Cœur-de-Lion, qui l'assiégeait, fut tué en 1199.

83. Département de la Vienne (5 arrondisse-

ments, *Poitiers, Chatelleraut, Montmorillon, Loudun, Civray*).

Ce département, compris dans le bassin de la Loire, est du ressort de la cour royale, de l'académie et de l'évêché de Poitiers, et tire son nom de la rivière qui l'arrose.

Poitiers, chef-lieu, passe pour une des plus grandes villes de France, mais elle est mal bâtie et peu peuplée. Les restes d'un aqueduc, d'un palais de Galien et d'un monument celtique appelé *Pierre-Levée*, attestent son ancienneté.

A 4 lieues ouest de Poitiers est le village de Vouillé, où Clovis Ier vainquit et tua de sa main Alaric II, roi des Visigoths, en 507. On croit aussi que ce fut près de cette ville que Charles-Martel défit l'armée des Sarrasins, en 732.

Poitiers a encore donné le nom à la malheureuse bataille entre le prince Noir et le roi Jean, dans laquelle ce dernier fut fait prisonnier, en 1356.

C'est à Poitiers qu'eut lieu le partage de la France entre Carloman et Pepin.

Chatelleraut, sur la Vienne, possède un beau pont; sa fabrique d'armes blanches et sa coutellerie sont connues de toute l'Europe.

Montcontour, petit village, est connu par la bataille qu'y gagna Henri III sur l'amiral Coligny, en 1569.

Loudun est célèbre par ses Ursulines ensorcelées par Urbain Grandier, qui fut condamné à être brûlé vif.

XXIXe ENTRETIEN.

36. Département d'Indre-et-Loire (3 arrondissements, *Tours, Loches, Chinon*).

Ce département, compris dans le bassin de la Loire, dans le ressort de la cour royale, de l'académie d'Orléans et de l'archevêché de Tours, tire son nom de deux rivières qui l'arrosent.

Tours, chef-lieu, sur la Loire, possède une magnifique cathédrale, d'architecture gothique.

Les maisons sont bâties en pierres de taille et couvertes en ardoises. On y remarque le pont sur la Loire, le musée, la bibliothèque et le palais archiépiscopal.

Chinon, sur la Vienne, est remarquable par le séjour qu'y fit Charles VII, tandis que les Anglais occupaient Paris ; Henri II, roi d'Angleterre, y mourut. Ce fut de cette ville que partit Charles VII, sous la conduite de Jeanne d'Arc, pour aller se faire sacrer à Reims.

Amboise, sur la Loire, est remarquable par la conjuration qui y fut conclue, en 1560, contre les Guises. C'est la patrie de Charles VIII.

41. Département de Loir-et-Cher (3 arrondissements, *Blois*, *Vendôme*, *Romorantin*).

Ce département fait partie du bassin de la Loire, de la cour royale, de l'académie d'Orléans, de l'évêché de Blois, et tire son nom de deux rivières qui le baignent.

Blois, chef-lieu, sur la Loire, possède un ancien château royal, dans lequel fut assassiné le duc de Guise, et où naquit Louis XII. On voit à Blois une pyramide de 33 mètres de haut. Les habitants se font remarquer par la pureté de leur langue.

Romorantin a vu naître la reine Claude, femme de François Ier.

XXXe ENTRETIEN.

44. Département du Loiret (4 arrondissements, *Orléans*, *Pithiviers*, *Montargis*, *Gien*).

Ce département, compris dans le bassin de la Loire, est le siège d'une cour royale, d'une académie, d'un évêché, et tire son nom d'une petite rivière qui l'arrose.

Orléans, chef-lieu, sur la Loire, possède un pont magnifique sur ce fleuve, et de beaux quais. On y remarque la cathédrale et les tours, d'une hauteur considérable. Sur la place Martroy, on voit la statue de Jeanne d'Arc. Cette ville est remarquable par deux sièges, le premier contre Attila, en 450 ; le deuxième contre les Anglais, repoussés par Jeanne d'Arc, en 1428. Elle a vu naître Robert, roi de France, et Petit, médecin.

86. Département de l'Yonne (5 arrondissements, *Auxerre*, *Sens*, *Joigny*, *Tonnerre*, *Avallon*).

Ce département, compris dans le bassin de la Seine, dans le ressort de la cour royale et de l'académie de Paris, et de l'archevêché de Sens, tire son nom de la rivière qui l'arrose.

Auxerre, chef-lieu, sur l'Yonne, n'est remarquable que par sa cathédrale, qui renferme le tombeau d'Amyot. Il y a quelques antiquités romaines.

Sens, sur l'Yonne, possède une belle cathédrale, d'architecture gothique, et une belle cloche ; son archevêque jouissait de la primatie.

9. Département de l'Aube (5 arrondissements, *Troyes*, *Arcis-sur-Aube*, *Bar-sur-Seine*, *Bar-sur-Aube*, *Nogent-sur-Seine*).

Ce département fait partie du bassin de la Seine, de la cour royale et de l'académie de Paris et de l'évêché de Troyes : il tire son nom de la rivière qui l'arrose.

Troyes, chef-lieu, sur la Seine, possède une belle cathédrale et un magnifique château, où les anciens comtes de Champagne faisaient leur résidence. Les églises de St-Loup et de St-Étienne sont très-belles. Cette ville est remarquable par un concile qui s'y tint en 878 ; elle a vu naître le pape Urbain IV et Pierre Mignard, peintre. En 1420, Isabelle de Bavière, reine de France, y conclut l'infâme traité par lequel elle déshéritait son fils Charles, et donnait la couronne au roi d'Angleterre.

XXXIe ENTRETIEN.

51. Département de la Haute-Marne (3 arrondissements, *Chaumont*, *Vassy*, *Langres*).

Chaumont, chef-lieu, près de la Marne, est remarquable par le traité qu'y firent les alliés en 1814, pour détrôner Napoléon. L'hôtel-de-ville, le palais-de-justice et les restes du château des comtes de Champagne méritent quelque attention.

Langres, sur un plateau, le plus élevé de l'Europe, est remarquable par quelques restes d'antiquités. Cette ville fut prise et brûlée par Attila et par les Vandales ; c'est la patrie de l'infortuné Sabinus, époux d'Eponine.

Vassy est l'endroit où les guerres de religion commencèrent, en 1562, par le massacre de quelques protestants.

85. DÉPARTEMENT DES VOSGES (5 arrondissements, *Epinal*, *Mirecourt*, *Neufchâteau*, *Remiremont*, *Saint-Dié*).

Ce département fait partie du bassin du Rhin, de la cour royale de l'académie de Nancy, de l'évêché de St-Dié, et tire son nom des montagnes qu'il renferme.

Epinal, chef-lieu, sur la Moselle, fut fondée en 980 par Théodoric d'Hamelan, et prise et démentelée par le maréchal de Créqui.

Mirecourt fabrique des orgues et autres instruments de musique.

Plombières est connue par ses eaux minérales.

Domremy, petit village, à 2 lieues nord de Neufchâteau, est le berceau de Jeanne d'Arc.

XXXIIe ENTRETIEN.

66. DÉPARTEMENT DU HAUT-RHIN (3 arrondissements, *Colmar*, *Altkirck*, *Belfort*).

Ce département, compris dans le bassin du Rhin, fait partie de la cour royale de Colmar, de l'académie, de l'évêché de Strasbourg, et tire son nom du fleuve qui l'arrose.

Colmar, chef-lieu, près de l'Ill, est une ville remarquable ; on cite l'ancienne église des Dominicains, le palais-de-justice, la préfecture et l'hôtel-de-ville.

Belfort, ville forte, au pied du mont Maudit, fut cédée à la France, en 1648, par le traité de Westphalie.

Neufbrisack a une belle église et de jolies casernes ; ses rues sont alignées.

67. Département du Bas-Rhin (4 arrondissements, *Strasbourg, Saverne, Weissembourg, Schélestadt.*

Ce département, compris dans le bassin du Rhin, dans la cour royale de Colmar, dans l'académie et l'évéché de Strasbourg, tire son nom du fleuve qui l'arrose.

Strasbourg, chef-lieu, près du Rhin, place forte, est une des villes les plus importantes de France. On y remarque la cathédrale, la plus belle de l'Europe, la tour, découpée à jour comme de la dentelle, à près de 145 mètres de haut ; cette église possède une horloge semblable à celle de St-Jean de Lyon. Le jardin botanique, l'hôtel-de-ville et la préfecture sont des objets remarquables.

On voit à Strasbourg les tombeaux du maréchal de Saxe, de Kléber et de Desaix. Depuis peu on y a élevé une statue à Jean Gutenberg, de Mayence, qui y inventa l'imprimerie, en 1436.

Schélestadt est une place forte, sur l'Ill, où fut inventé l'art de vernir la poterie.

Klingenthal possède une manufacture d'armes blanches.

XXXIIIᵉ ENTRETIEN.

53. Département de la Meurthe (5 arrondissements, *Nancy, Toul, Château-Salins, Lunéville, Sarrebourg*).

Ce département, compris dans le bassin du Rhin, est du ressort de l'académie et de l'évéché de Nancy, et tire son nom de la rivière qui le baigne.

Nancy, chef-lieu, sur la Meurthe, se divise en deux villes ; la nouvelle est magnifique, les rues sont tirées au cordeau. On y remarque l'ancien palais, la place royale avec son arc de triomphe, une cathédrale magnifique, où étaient les tombeaux des anciens ducs de Lorraine. L'église de

Notre-Dame-de-Bon-Secours renferme le tombeau de Stanislas-le-Bienfaisant et de son épouse.

Lunéville, près de la Meurthe, fut la résidence de Stanislas. On y remarque un manége où peuvent manœuvrer 200 cavaliers, une belle fontaine, et le château bâti par Léopold, duc de Lorraine. La France et l'Autriche y conclurent un traité de paix en 1801.

Toul possède une cathédrale remarquable ; le palais épiscopal, l'hôpital, l'arsenal et les casernes méritent encore d'être cités.

54. Département de la Meuse (4 arrondissements, *Bar-le-Duc*, *Verdun*, *Montmédy*, *Commercy*.

Ce département, compris dans le bassin du Rhin et dans celui de la Seine, est du ressort de la cour royale, de l'académie de Nancy et de l'évêché de Verdun, et tire son nom de la rivière qui l'arrose.

Bar-le-Duc, chef-lieu, sur l'Ornain, n'a de remarquable que ses promenades.

Verdun, ville forte, sur la Meuse, fut prise par les Prussiens en 1792 ; mais les Français la reprirent bientôt après. C'est dans cette ville que les trois fils de Louis-le-Débonnaire firent le partage de la monarchie des Francs, en 843. Elle a vu naître les trois vierges de Verdun, célébrées par Fréville, victimes de leur amour pour la vérité. Les bonbons de Verdun sont très-renommés.

XXXIVᵉ ENTRETIEN.

50. Département de la Marne (5 arrondissements, *Chalons-sur-Marne*, *Reims*, *Epernay*, *Ste-Ménehould*, *Vitry-le-Français*).

Ce département, compris dans le bassin de la Seine, dans le ressort de la cour royale, de l'académie de Paris et de l'archevêché de Reims, tire son nom de la rivière qui l'arrose.

Chalons-sur-Marne, chef-lieu, est remarquable par son école royale d'arts et métiers, par son hôtel-de-ville et par les clochers de sa cathédrale. Ce fut dans les plaines de Chalons que Mérovée,

Aëtius et Théodoric défirent Attila , roi des Huns, en 451.

Reims est célèbre par le baptême de Clovis et de sa sœur. Le portail de son église est un morceau d'architecture gothique fini. C'est dans cette basilique qu'avait lieu le couronnement des rois de France. Dans l'église de St-Nicolas , on voit un pilier tremblant que l'on attribue aux Romains.

Vitry-le-Français , sur la Marne, place forte. Près de là , on voit Vitry-le-Brûlé , où Louis VII fit mettre le feu à une église dans laquelle s'étaient réfugiés trois mille habitants.

74. DÉPARTEMENT DE SEINE-ET-MARNE (5 arrondissements , *Melun, Coulommiers , Fontainebleau , Provins , Meaux*).

Ce département, compris dans le bassin de la Seine , dans la cour royale et l'académie de Paris , et l'évêché de Meaux , tire son nom des deux rivières qui l'arrosent.

Melun, chef-lieu, sur la Seine , fut prise par les Anglais en 1419 ; mais les habitants les chassèrent dix ans après.

Fontainebleau possède un château royal magnifique ; il fut commencé par François Ier, et achevé par Henri IV. Le pape Pie VII y fut long-temps détenu par les ordres de Napoléon. Cette ville est encore remarquable par son hôtel-de-ville et ses deux hôpitaux.

Meaux , sur la Marne , est le siège d'un évêché illustré par Bossuet, dont on conserve les restes dans la cathédrale ; le cœur de cette église est un chef-d'œuvre.

XXXVe ENTRETIEN.

72. DÉPARTEMENT DE LA SEINE (3 arrondissements, *Paris, St-Denis , Sceaux*).

Ce département , compris dans le bassin de la Seine , dans la cour royale, l'académie et l'archevêché de Paris , tire son nom du fleuve qui le traverse.

Paris, chef-lieu, sur la Seine, capitale de toute la France, résidence du souverain, siège des principales administrations du royaume, peut être placée au rang des plus belles villes du monde. Elle a près d'un million d'habitants, 7 lieues de tour et se divise en 12 communes, 12 paroisses et 36 succursales.

La Seine la partage en deux et forme trois îles, dont l'une, appelée la Cité, formait autrefois toute la ville de Paris. Les monuments en tous genres qui embellisent Paris sont trop nombreux pour qu'on puisse les citer tous; les plus marquants sont : les Tuileries, résidence du roi, la cathédrale, l'hôtel des Invalides, le musée royal, etc. etc.

Du temps de César, 53 ans avant J. C., Paris n'était qu'une misérable bourgade. S'étant agrandie dans les IIIe et IVe siècles, l'empereur Julien en fit sa résidence, en 359, et Clovis en fit la capitale des Francs, en 507. Paris s'embellit sous Charlemagne; Philippe-Auguste en fit paver les rues et l'entoura d'un mur de 7 à 8 pieds d'épaisseur. Plusieurs fois ravagée par les Normands, Paris eut beaucoup à souffrir d'une famine horrible, qui réduisit les habitants à se repaître des choses les plus immondes; des mères mangèrent leurs propres enfants.

St-Denis est remarquable par son église, fondée par Dagobert, et qui sert de tombeau aux rois de France et aux princes du sang royal. Le chapitre de cette église ne se compose que d'évêques et d'archevêques. Cette ville possède une institution royale pour les filles des membres de la légion-d'honneur.

Vincennes, près de Paris, au milieu d'une belle forêt, possède un château-fort, où l'on voit un magnifique dépôt d'armes.

XXXVIᵉ ENTRETIEN.

75. Département de Seine-et-Oise (6 arron·
dissements, *Versailles*, *Mantes*, *Pontoise*, *Corbeil*,
Etampes, *Rambouillet*).

Ce département, compris dans le bassin de la Seine, dans la
cour royale, l'académie de Paris et l'évêché de Versailles, tire
son nom des deux rivières qui le baignent.

Versailles, chef-lieu, à 4 lieues de Paris, est
remarquable par la régularité de ses rues, tirées
au cordeau et d'une largeur extraordinaire. Le
château royal est magnifique; les sommes énormes que Louis XIV y employa en ont fait la plus
belle habitation de l'univers. Plusieurs princes
sont nés à Versailles et les derniers états-généraux
s'y tinrent en 1789.

Rambouillet possède une bergerie royale de mérinos. Le parc du château royal est remarquable.

Sèvres, sur la Seine, à 1 lieue ouest de Paris,
possède la plus belle fabrique de porcelaine de
l'Europe.

Saint-Cloud, bourg sur la Seine, possède un
magnifique château royal, dans lequel Henri III
fut assassiné, en 1589.

27. Département d'Eure-et-Loir (4 arrondissements, *Chartres*, *Dreux*, *Chateaudun*, *Nogent-
le-Rotrou*).

Ce département, compris dans le bassin de la Loire et dans le
bassin de la Seine, dans la cour royale, l'académie de Paris et
l'évêché de Chartres, tire son nom de deux rivières qui y prennent naissance.

Chartres, chef-lieu, sur l'Eure, est remarquable par sa cathédrale, une des plus belles de France;
elle a deux clochers, dont l'un a 111 mètres de
haut, et l'autre 122 mètres; c'est dans cette église
que fut sacré Henri IV.

Dreux est remarquable par la bataille qui s'y
livra en 1562 entre les catholiques et les protes-

tants , et dans laquelle le prince de Condé fut fait prisonnier.

XXXVIIe ENTRETIEN.

71. Département de la Sarthe (4 arrondissements, *Le Mans, Mamers, St-Calais, La Flèche*).

Ce département, compris dans le bassin de la Loire, dans la cour royale, l'académie d'Angers et l'évêché du Mans, tire son nom de la rivière qui l'arrose.

Le Mans, chef-lieu, sur la Sarthe, a beaucoup souffert des incursions des Normands. La cathédrale, l'hôtel-de-ville et la préfecture sont des objets remarquables.

La Flèche, sur le Loir, possède une école royale préparatoire à celle de St-Cyr. C'était autrefois un collége de jésuites, auquel Henri IV légua son cœur, qui fut brûlé en 1793 par les révolutionnaires.

48. Département de Maine-et-Loire (5 arondissements, *Angers , Segré , Beaugé , Saumur, Beaupréau*).

Ce département, compris dans le bassin de la Loire, dans la cour royale, l'académie et l'évêché d'Angers, tire son nom de deux rivières qui l'arrosent.

Angers, chef-lieu, près du confluent de la Loire et de la Mayenne, grossie de la Sarthe et du Loir, est remarquable par son ancienneté. Elle fut plusieurs fois assiégée au moyen-âge , par les Bretons, les Anglais et les Francs ; elle a été le siége de six conciles et de deux conférences ecclésiastiques célèbres , en 1713 et en 1714. On y remarque la cathédrale , l'hôtel-de-ville et les promenades.

Saumur, sur la Loire , a un beau pont , de belles casernes et une école de cavalerie ; cette ville eut beaucoup à souffrir des guerres de la Ligue et de la révocation de l'édit de Nantes.

XXXVIIIe ENTRETIEN.

76. DÉPARTEMENT DES DEUX-SÈVRES (4 arrondissements, *Niort, Bressuire, Parthenay, Melle*).

Ce département, compris en partie dans le bassin de la Loire et en partie dans le petit bassin de la Charente, est du ressort de la cour royale, de l'académie et de l'évêché de Poitiers, et tire son nom de deux petites rivières qui l'arrosent.

Niort, chef-lieu, sur la Sèvre, qui la traverse, a des rues bien percées et alignées et de belles promenades. C'est la patrie de madame de Maintenon.

Bressuire commence à relever ses quartiers démolis pendant les guerres de la Vendée. On y remarque un beau collége ecclésiastique et un clocher assez élevé.

15. DÉPARTEMENT DE LA CHARENTE (5 arrondissements, *Angoulême, Cognac, Ruffec, Confolens, Barbézieux*).

Ce département, tout compris dans le petit bassin de la Charente, est de l'académie et de la cour royale de Bordeaux et dans l'évêché d'Angoulême, et tire son nom de la rivière qui l'arrose.

Angoulême, chef-lieu, sur la Charente, est connue par sa papeterie.

Cognac, sur la Charente, est remarquable par la naissance de François Ier.

Jarnac, sur la Charente, est connue par la victoire qu'y remporta Henri III sur les calvinistes, en 1569.

32. DÉPARTEMENT DE LA GIRONDE (6 arrondissements, *Bordeaux, Bazas, Blaye, Libourne, La Réole, Lesparre*).

Ce département, compris dans le bassin de la Garonne, est du ressort de la cour royale, de l'académie et de l'archevêché de Bordeaux, et tire son nom de celui que prend la Garonne réunie à la Dordogne, au Bec-d'Ambez.

Bordeaux, chef-lieu, sur la Garonne, une des plus considérables villes de France, port de mer, communique avec la Méditerranée par le canal du Languedoc, et avec tout l'univers par l'Océan. Son port a une lieue de long. On y remarque la cathédrale, le palais archiépiscopal, la bourse, le théâtre et le pont sur la Garonne, le plus beau de France. Près de cette ville est le château de la Brève, où naquit le célèbre Montesquieu.

Libourne, sur la Dordogne, reçoit dans son port les navires marchands.

Blaye, ville forte, sur la Gironde, est connue par la détention de la duchesse de Berri. Les vins de Médoc se récoltent dans ses environs.

Dans ce département on trouve l'étang de Carcans, un des plus remarquables de France.

XXXIXe ENTRETIEN.

46. Département de Lot-et-Garonne (4 arrondissements, *Agen*, *Marmande*, *Nérac*, *Villeneuve-d'Agen*).

Ce département fait partie du bassin de la Garonne, de l'académie de Cahors, de l'évêché et de la cour royale d'Agen, et tire son nom de deux rivières qui l'arrosent.

Agen, chef-lieu, sur la Garonne, était le siége du prétoire, pour les Romains.

Les Chrétiens y furent cruellement persécutés ; on y voit encore une espèce de tombeau qu'on dit être celui des martyrs. Des restes de bains et d'arènes, des cellules taillées dans le roc attestent son ancienneté et son importance. Cette ville fut le théâtre des guerres que se firent les Romains, les Goths, les Visigoths et les Ostrogoths.

Nérac ; Henri IV y tint sa cour lorsqu'il n'était que roi de Navarre. On y voit une belle statue de ce prince.

79. Département de Tarn-et-Garonne (3 arrondissements, *Montauban*, *Castel - Sarrasin*, *Moissac*).

Ce département, compris dans le petit bassin de la Garonne,

dans la cour royale, l'académie de Toulouse et l'évêché de Montauban, tire son nom de deux rivières qui s'y joignent.

Montauban, chef-lieu, sur le Tarn, est remarquable par le siége qu'elle soutint, en 1622, contre Louis XIII, qui fut forcé de l'abandonner. Mais Richelieu la prit sur les Calvinistes, en 1629, et en fit raser les fortifications. On y remarque la cathédrale, l'hôtel-de-ville, les promenades.

Moissac, au confluent de la Garonne et du Tarn, possède une belle fontaine.

78. Département du Tarn (4 arrondissements, *Albi*, *Castres*, *Lavaur*, *Gaillac*).

Ce département fait partie du bassin de la Garonne, de la cour royale, de l'académie de Toulouse et de l'archevêché d'Albi, et tire son nom de la rivière qui l'arrose.

Albi, chef-lieu, sur le Tarn, est remarquable par le concile qui s'y tint, en 1176, contre les Albigeois mêmes, secte d'hérétiques qui y furent condamnés et contre lesquels eut lieu une guerre très-cruelle, sous le nom de *croisade*. On y remarque la cathédrale, dédiée à Ste-Cécile, et son clocher, bâtis en briques.

Castres fut démantelée par ordre de Louis XIII, vainqueur du parti protestant.

XLe ENTRETIEN.

10. Département de l'Aude (4 arrondissements, *Carcassonne*, *Narbonne*, *Castelnaudary*, *Limoux*).

Ce département, compris dans le petit bassin côtier de ce nom, dans la cour royale, l'académie de Montpellier et l'évêché de Carcassonne, tire son nom de la rivière qui le baigne.

Carcassonne, chef-lieu, sur l'Aude, qui la divise en deux villes, et sur le canal royal, qui donne une grande activité à son commerce, possède une belle machine hydraulique pour la filature des laines.

Narbonne, bâtie dès l'an 357 de Rome ; les Romains y creusèrent le canal qui communique de l'Aude à la Méditerranée. Ce fut la patrie de l'empereur Carus, et la capitale de la Gaule Narbonnaise. Dans la cathédrale on voit le tombeau de Philippe-le-Hardi.

Limoux est connu par son bon vin blanc.

65. Département des Pyrénées-Orientales (3 arrondissements, *Perpignan*, *Céret*, *Prades*.

Ce département, compris dans le petit bassin de l'Aude, est du ressort de la cour royale, de l'académie de Montpellier et de l'évêché de Perpignan, et tire son nom des montagnes des Pyrénées situées à l'orient.

Perpignan, chef-lieu, place forte, sur la Thet, à 2 lieues de la Méditerranée, a une bonne citadelle, une bergerie royale et une cathédrale assez belle. Assiégée par Louis XIII en 1642; elle fut prise l'arme au bras, pendant que les habitants faisaient la procession du St-Sacrement ; on croit que c'est de cette surprise que vient l'ordre de fermer les portes de la ville pendant cette cérémonie.

Céret, ville frontière de l'Espagne, possède un pont d'une seule arche, d'une hardiesse et d'une élévation extraordinaires.

Port-Vendre, petit port très-sûr et très-commode, sur la Méditerranée.

8. Département de l'Ariége (3 arrondissements, *Foix*, *Pamiers*, *St-Girons*.

Ce département, compris dans le bassin de la Garonne, dans la cour royale et l'académie de Toulouse et l'évêché de Pamiers, tire son nom de la rivière qui l'arrose.

Foix, chef-lieu, sur l'Ariége, possède une tour magnifique, bâtie sous Dagobert.

Pamiers, évêché, jolie ville sur l'Ariége, a des fabriques d'acier.

Saverdun, petite ville, est la patrie de Jacques Fournier, fils d'un meunier, qui fut, dit-on, pape sous le nom de Benoît XII.

XLIᵉ ENTRETIEN.

30. Département de la Haute-Garonne (4 arrondissements, *Toulouse*, *Muret*, *Villefranche*, *Saint-Gaudens*).

Ce département, compris dans le bassin de la Garonne, dans la cour royale, l'académie et l'archevêché de Toulouse, tire son nom du fleuve qui l'arrose.

Toulouse, chef-lieu, sur la Garonne, était considérable du temps de César ; les Visigoths en firent long-temps leur capitale. On y remarque la cathédrale, l'hôtel-de-ville, dit le Capitole, un des plus beaux de France, le théâtre, le pont, sur lequel est un bel arc-de-triomphe. Depuis quelques années cette ville s'est embellie de fontaines magnifiques alimentées par la Garonne, dont l'eau monte, au moyen d'une pompe à feu, au sommet d'une tour de 45 mètres de haut, et redescend pour se répandre dans toute la ville, pour l'usage des habitants, qui autrefois étaient obligés de l'acheter, comme à Paris.

Toulouse possède la plus ancienne académie de France, appelée *jeux floraux*, instituée par *Clémence Isaure*.

C'est sous les murs de cette ville que le maréchal Soult défit, en 1814, l'armée de Wellington. Les comtes de Toulouse étaient autrefois très-puissants.

Cette ville a vu naître plusieurs grands hommes et entre autres St. Sernin, dont le tombeau attire un grand nombre de curieux dans la belle église qui lui est dédiée.

Rieux, petite ville, possède un des plus beaux clochers de France.

Fronton a vu naître l'abbé Sicard, instituteur des sourds-muets.

31. Département du Gers (5 arrondissements, *Auch*, *Condom*, *Lectoure*, *Lombez*, *Mirande*.

Ce département, compris dans le bassin de la Garonne, dans la cour royale d'Agen, l'académie de Cahors et l'archevêché d'Auch, tire son nom de la rivière qui l'arrose.

Auch, chef-lieu, près du Gers, possède une belle cathédrale, remarquable par ses vitraux, son portail et ses bas-reliefs d'un travail fini ; le palais archiépiscopal a un escalier en granit de 200 marches.

Condom, ville commerçante, a eu Bossuet pour évêque.

XLIIe ENTRETIEN.

63. DÉPARTEMENT DES HAUTES-PYRÉNÉES (3 arrondissements , *Tarbes , Bagnères-de-Bigorre , Argellez*).

Ce département, compris dans le bassin de l'Adour, dans la cour royale, l'académie de Pau et l'évêché de Tarbes, tire son nom de l'élévation des montagnes qui l'avoisinent.

Tarbes, chef-lieu, sur l'Adour, ville propre et bien bâtie en briques et en marbre gris.

Bagnères et *Barréges* sont connues par leurs eaux minérales.

64. DÉPARTEMENT DES BASSES-PYRÉNÉES (5 arrondissements , *Pau , Bayonne , Orthez , Oloron , Mauléon*).

Ce département, compris dans le petit bassin de l'Adour, dans la cour royale et l'académie de Pau et l'évêché de Bayonne, tire son nom de l'abaissement des Pyrénées.

Pau, chef-lieu, sur le gave de ce nom, est la patrie du grand Henri IV. On y conserve encore l'écaille de tortue qui servit de berceau à ce bon prince.

Bayonne a donné son nom à l'arme blanche appelée baïonnette, qui y fut inventée, excellent port sur l'Adour, à une lieue de l'Océan ; on y remarque la cathédrale, la citadelle, le quai et la place Grammont ; cette ville fut prise par Charles VII, dans le XVe siècle , et est devenue célèbre par l'entrevue de Charles IV , roi d'Espagne , accompagné de son fils , et de Napoléon , à la suite de laquelle la couronne d'Espagne passa à Joseph , frère de Napoléon.

39. Département des Landes (3 arrondissements , *Mont-de-Marsan, Saint-Sever , Dax*).

Ce département, compris dans le petit bassin de l'Adour, dans la cour royale, l'académie de Pau et l'évêché d'Aire, tire son nom du terrain inculte qu'on y trouve.

Mont-de-Marsan, chef-lieu, fait le commerce d'eau-de-vie.

Dax possède une source d'eaux minérales chaudes à 49° de chaleur. Près de cette ville est le village de *Pouy*, berceau de St. Vincent-de-Paul.

Aire, petite ville, est le siége de l'évêque.

XLIIIe ENTRETIEN.

16. Département de la Charente-Inférieure (6 arrondissements , *La Rochelle , Saintes , Rochefort, St-Jean-d'Angély , Jonzac , Marennes*).

Ce département, compris dans le petit bassin de la Charente , dans la cour royale, l'académie de Poitiers et l'évêché de la Rochelle, tire son nom de la Charente, qui y a son embouchure.

La Rochelle, chef-lieu, port de mer, place forte, fut prise par Louis XIII, aidé du cardinal de Richelieu , sur les calvinistes, qui s'en étaient emparés. Ce siége est mémorable par la résistance opiniâtre des assiégés , et les travaux considérables des assiégeants.

On y remarque le port, entouré de maisons, dont l'entrée très-étroite est défendue par deux tours , dont une sert de phare. La place du Château est remarquable.

Rochefort, port de mer, ville forte, bâtie par Louis XIV, en 1664. Les rues sont larges, alignées, et les maisons basses, mais d'une hauteur toujours égale ; du milieu de la place on voit les 4 portes de la ville.

Parans fournit les meilleures farines du monde.

Saintes possède des restes d'antiquités, un amphithéâtre, un aqueduc et un arc de triomphe. Près de cette ville est Taillebourg, célèbre par la victoire qu'y remporta St. Louis sur le comte de la Marche et sur les Anglais.

82. Département de la Vendée (3 arrondissements, *Bourbon-Vendée, Fontenay, Les Sables-d'Olonne*).

Ce département, compris dans le bassin de la Charente, est de la cour royale, de l'académie de Poitiers et de l'évêché de Luçon, et tire son nom d'une petite rivière qui l'arrose.

Bourbon-Vendée, chef-lieu, a été bâtie sur l'emplacement de *Roche-sur-Yon*, en 1807 ; son commerce est peu étendu.

Fontenay, sur la Vendée, possède une belle fontaine. On y remarque la flèche du clocher.

XLIVᵉ ENTRETIEN.

43. Département de la Loire - Inférieure (5 arrondissements, *Nantes, Paimbœuf, Savenay, Châteaubriant, Ancenis*).

Ce département, compris dans le bassin de la Loire, dans la cour royale et l'académie de Rennes et l'évêché de Nantes, tire son nom du fleuve qui l'arrose.

Nantes, chef-lieu, sur la Loire, est une des villes les plus considérables de France ; elle communique avec tout l'univers, par l'Océan, dont elle n'est éloignée que de 8 lieues. On y remarque la cathédrale, où l'on voit le mausolée de François II, la bourse, l'hôtel-de-ville, la préfecture, etc.

C'est à Nantes qu'Henri IV donna, en 1598, l'édit célèbre en faveur des protestants, qui fut révoqué en 1685 par Louis XIV, et fut la cause des plus fortes guerres de religion en France.

Paimbœuf, avec un port sur la Loire, où l'on décharge les vaisseaux, a un chantier de construction.

C'est dans ce département que se trouve le lac *Grand-Lieu*, un des plus remarquables de France.

52. Département de la Mayenne (3 arrondissements, *Laval, Mayenne, Château-Gontier*).

Ce département compris dans le bassin de la Loire, dans la cour royale, l'académie d'Angers et l'évêché du Mans, tire son nom de la rivière qui l'arrose.

Laval, chef-lieu, sur la Mayenne, est remarquable par ses toiles.

60. Département de l'Orne (4 arrondissements, *Alençon, Domfront, Argentan, Mortagne*).

Ce département, compris dans le petit bassin de ce nom et dans celui de la Loire, fait partie de la cour royale et de l'académie de Caen, de l'évêché de Séez, et tire son nom de la rivière qui l'arrose.

Alençon, chef-lieu, sur la Sarthe, est connu par ses dentelles et ses cailloux dits *diamants d'Alençon*. On y remarque l'hôtel-de-ville, le palais-de-justice, la nef et le portail de l'église Saint-Léonard.

XLVe ENTRETIEN.

26. Département de l'Eure (5 arrondissements, *Evreux, Les Andelys, Bernay, Louviers, Pont-Audemer*).

Ce département, compris dans le bassin de la Seine, dans la cour royale, l'académie de Rouen et l'évêché d'Evreux, tire son nom de la rivière qui l'arrose.

Evreux, chef-lieu, possède une belle cathédrale. On y remarque le château de Navarre, construit par le duc de Bouillon, et la préfecture.

Les Andelys, deux petits villages, éloignés d'un quart de lieue l'un de l'autre, ont vu naître Poussin.

Louviers est renommé pour ses draps.

Ivry, bourg sur l'Eure, est remarquable par la victoire qu'Henri IV y remporta sur le duc de Mayenne.

59. Département de l'Oise (4 arrondissements, *Beauvais, Compiègne, Clermont, Senlis*).

Ce département, compris dans le bassin de la Seine, dans la cour royale, l'académie d'Amiens et l'évêché de Beauvais, tire son nom de la rivière qui l'arrose.

Beauvais, chef-lieu, possède une cathédrale dont le chœur est magnifique. Cette ville soutint, en 1472, un siége mémorable contre les Bourguignons. Les femmes de Beauvais, sous la conduite de Jeanne Hachette, s'y distinguèrent d'une manière particulière, et contribuèrent à faire lever le siége.

Compiègne, sur l'Oise, possède un château remarquable. C'est au siége de cette ville que Jeanne d'Arc fut trahie et livrée aux Anglais, qui la brûlèrent vive à Rouen.

La principale église de Compiègne possède le premier orgue qu'on ait vu en France; Pepin-le-Bref en fit présent à cette église, après l'avoir lui-même reçu de Constantin, en 757.

XLVI° ENTRETIEN.

2. Département de l'Aisne (5 arrondissements, *Laon*, *Château-Thierry*, *Soissons*, *Saint-Quentin*, *Vervins*).

Ce département fait partie du bassin de la Seine, de la cour royale, de l'académie d'Amiens et de l'évêché de Soissons, et tire son nom de la rivière qui l'arrose.

Laon, place forte, sur une montagne, possède une magnifique église d'architecture gothique; ses clochers, d'une grande élévation, donnent une vue qui se prolonge à plus de 15 lieues. A 3 lieues de cette ville est le fameux pèlerinage de Notre-Dame de Liesse.

Soissons, sur l'Aisne, fut le premier séjour de Clovis, et le siége du royaume de son nom.

Vervins est connu par le traité de paix conclu, en 1598, entre Henri IV et Philippe II, roi d'Espagne.

St-Quentin possède un canal qui passe sous deux

voûtes, dont la première a 1,090 mètres de long, et l'autre 7,630 mètres.

7. Département des Ardennes (5 arrondissements, *Mézières, Rhétel, Rocroy, Sédan, Vouziers*).

Ce département, compris dans le bassin de la Meuse, dans la cour royale et l'académie de Metz et l'archevêché de Reims, tire son nom d'une vaste forêt.

Mézières, chef-lieu, sur la Meuse, fut vivement pressée par Charles-Quint, en 1521; mais elle fut aussi vaillamment défendue par Bayard.

Sédan, sur la Meuse, place forte, est connue par ses draps. C'est la patrie de Turenne.

Charleville, sur la Meuse, est connue par sa manufacture d'armes à feu.

Rocroy est célèbre par la victoire que le grand Condé y remporta, en 1643, sur les Espagnols.

XLVIIe ENTRETIEN.

56. Département de la Moselle (4 arrondissements, *Metz, Briey, Thionville, Sarreguemines*).

Ce département, compris dans la cour royale, l'académie et l'évêché de Metz, tire son nom de la rivière qui l'arrose.

Metz, chef-lieu, sur la Moselle, place forte et imprenable; Charles-Quint l'assiégea en vain et y perdit la moitié de son armée, en 1552. On y remarque les fortifications, les casernes, les promenades, l'hôtel-de-ville, le palais-de-justice, la cathédrale.

Thionville, place forte sur la Moselle, était autrefois le siége de la cour de Pépin d'Héristal; les Prussiens l'assiégèrent en vain en 1792.

58. Département du Nord (7 arrondissements, *Lille, Hasebrouk, Dunkerque, Valenciennes, Avesnes, Cambray, Douai*).

Ce département, compris dans le bassin de l'Escaut, dans la cour royale, l'académie de Douai et l'évêché de Cambrai, tire son nom de sa position à l'égard du reste de la France.

Lille, chef-lieu, sur la Deule, ville très-forte, fabrique des dentelles. On y remarque la porte de Paris, la place Royale et la citadelle.

Dunkerque, place forte, port de mer, a vu naître le marin Jean Bart.

Douai, ville forte, sur la Scarpe, a une fonderie de canons et une école d'artillerie.

Valenciennes, ville forte, sur l'Escaut, est renommée pour ses dentelles.

Cambrai, place forte, sur l'Escaut, fabrique des linons. Fénélon illustra son ancien archevêché.

Cateau-Cambrésis est célèbre par le traité qui y fut conclu, en 1559, entre Henri II, roi de France, et Philippe II, roi d'Espagne.

Cassel est connu par trois batailles qui se sont données sous ses murs, par trois Philippe de France ; la première en 1070, où Philippe Ier fut défait par Robert-le-Frison ; la deuxième en 1328, où Philippe-le-Bel remporta une grande victoire sur les Flamands ; la troisième en 1677, dans laquelle Philippe d'Orléans battit le prince d'Orange.

Bouvines est remarquable par la victoire qu'y remporta, en 1214, Philippe-Auguste, sur l'empereur Othon.

Malplaquet, village près de Maubeuge, est connu par la funeste bataille que Villars y perdit en 1709, contre Eugène et Marlborough.

Denain est célèbre par la victoire qu'y remporta Villars en 1712 ; cette victoire sauva la France et la couronne de Louis XIV.

XLVIIIᵉ ENTRETIEN.

61. Département du Pas-de-Calais (6 arrondissements, *Arras*, *St-Pol*, *Montreuil-sur-Mer*, *Boulogne*, *St-Omer*, *Béthune*.)

Ce département, compris dans le bassin de l'Escaut, dans la cour royale, l'académie de Douai et dans l'évêché d'Arras, tire son nom du détroit qui sépare la France de l'Angleterre.

Arras, chef-lieu, sur la Scarpe, a une école de génie. On y remarque l'hôtel-de-ville et les places; la cathédrale est un vaste vaisseau de 114 mètres de long. Ce fut à Arras que Charles VII conclut, en 1435, un traité avec Philippe-le-Bon, duc de Bourgogne, pour chasser les Anglais de la France. Après avoir été prise et reprise plusieurs fois par divers souverains, cette ville est enfin restée à la France par le traité des Pyrénées.

Boulogne, port de mer. Napoléon y avait rassemblé une flotille de bateaux plats, pour porter une armée en Angleterre; mais ce projet fut sans effet.

St-Omer, sur l'Aa, place forte et bien bâtie, possède une belle cathédrale et de belles orgues. Près de cette ville sont des marais, au milieu desquels sont des îles flottantes, petites pièces de terre, où croissent des arbres assez gros et qu'on peut faire changer de place à volonté.

Calais, port de mer, et place forte, est la ville de France la plus près de l'Angleterre, qui n'en est éloignée que de 7 lieues, que l'on parcourt en 3 heures par les bateaux à vapeur.

Cette ville soutint, en 1347, un siège célèbre contre Edouard III, roi d'Angleterre, qui, l'ayant prise par famine, ne voulut faire grâce aux habitants qu'à condition que 6 bourgeois des plus notables viendaient en chemise, la corde au cou, lui apporter les clefs de la ville et subir ensuite le dernier supplice. Le dévoûment d'Eustache de St-Pierre, maire de la ville, et celui de quatre autres citoyens, qui se sacrifièrent pour leurs concitoyens, méritent les plus grands éloges.

XLIXe ENTRETIEN.

77. Département de la Somme (5 arrondissements, *Amiens*, *Abbeville*, *Doullens*, *Péronne*, *Montdidier*).

Ce département, compris dans le bassin de ce nom, dans la cour royale, l'académie et l'évêché d'Amiens, tire son nom de la rivière qui l'arrose.

Amiens, chef-lieu, sur la Somme, possède une cathédrale magnifique. On y remarque encore la halle, la préfecture et les promenades. Cette ville fut surprise par les Espagnols en 1597 ; mais Henri IV la reprit la même année. Amiens est la patrie de Pierre l'Ermite, prédicateur de la 1re croisade.

Péronne, place forte, sur la Somme, est célèbre par la détention de trois jours de Louis XI et par celle de Charles-le-Simple, qui y fut retenu prisonnier par le duc du Vermandois et qui y mourut.

73. Département de la Seine-Inférieure (5 arrondissements, *Rouen*, *Le Hâvre*, *Yvetot*, *Dieppe*, *Neufchatel*).

Ce département, compris dans le bassin de la Seine, dans la cour royale, l'académie et l'archevêché de Rouen, tire son nom du fleuve qui l'arrose.

Rouen, chef-lieu, sur la Seine, est remarquable par le supplice de Jeanne d'Arc. On y remarque le palais-de-justice, les casernes, les halles et le port, où remontent les vaisseaux de l'Océan. On y voit un magnifique pont de bateaux.

Le Hâvre, ville forte à l'embouchure de la Seine, avec un port vaste et fréquenté.

Dieppe, ville forte, et port sur la Manche, possède de très-beaux bains de mer. Les rues sont tirées au cordeau.

Arques, petit bourg, est célèbre par la victoire qu'y remporta Henri IV, en 1589, sur le duc de Mayenne, chef des ligueurs.

L^e ENTRETIEN.

13. Département du Calvados (6 arrondissements, *Caen*, *Bayeux*, *Lisieux*, *Falaise*, *Pont-l'Evêque*, *Vire*).

Ce département, compris dans le bassin de l'Orne, dans la cour royale, l'académie de Caen et l'évêché de Bayeux, tire son nom des rochers qui sont sur ses côtes et contre lesquels vint se briser un vaisseau espagnol appelé Calvados.

Caen, chef-lieu, sur l'Orne, à 3 lieues de la mer, possède le tombeau de Guillaume-le-Conquérant.

Bayeux, à 2 lieues de la mer, possède d'assez beaux monuments : la cathédrale, surmontée de trois beaux clochers, l'hôtel-de-ville, la caserne, la tour de l'horloge méritent d'être cités.

Honfleur, port de mer, près de l'embouchure de la Seine, commerce avec toute l'Europe et l'Amérique.

49. Département de la Manche (6 arrondissements, *Saint-Lô*, *Valognes*, *Cherbourg*, *Mortain*, *Avranches*, *Coutances*).

Ce département fait partie des bassins de l'Orne et de la Rancé, de la cour royale, de l'académie de Caen et de l'évêché de Coutances, et tire son nom de la partie de la mer qui sépare la France de l'Angleterre.

St-Lô, chef-lieu, sur la Vire, possède deux belles églises, l'une d'architecture saxonne, l'autre d'architecture gothique.

Cherbourg, ville forte, port militaire et port marchand, sur la Manche. Son bassin, éclairé par un magnifique fanal, est défendu par six forts. Le climat y est si doux qu'on y cultive en plein champ le myrte, le laurier et le lin de la Nouvelle-Zélande.

Coutances, ville commerçante, a vu naître Tancrède de Hauteville, fondateur du royaume des Deux-Siciles.

Granville, port sur la Manche, fait le commerce des huîtres de Cancale.

La Hogue, fort avec rade, sur la Manche, est célèbre par le combat naval qu'y perdit Tourville contre les Anglais.

LIe ENTRETIEN.

34. Département d'Ille-et-Vilaine (6 arrondissements, *Rennes, Fougères, Montfort, Redon, Saint-Malo, Vitré*).

Ce département, compris dans le petit bassin de ce nom, dans la cour royale, l'académie et l'évêché de Rennes, tire son nom de deux rivières qui l'arrosent.

Rennes, chef-lieu, au confluent de l'Ille et de la Vilaine, fut ravagée par un incendie qui dura 8 jours et qui brûla 900 maisons ; elle a été rebâtie en 1720. On y remarque la place d'armes, le musée, le jardin des plantes, le palais-de-justice et l'arsenal. Cette ville a vu naître Duguesclin et Tournemine.

Saint-Malo, ville forte, port très-fréquenté, sur la Manche, est la patrie de Jacques Cartier, qui, en 1534, prit possession du Canada, au nom de François Ier.

St-Aubin, village à 4 lieues nord-est de Rennes, est remarquable par la bataille qui s'y donna en 1488, dans laquelle le duc d'Orléans, depuis Louis XII, fut fait prisonnier.

21. Département des Côtes-du-Nord (5 arrondissements, *Saint-Brieuc, Guingamp, Dinan, Lannion, Loudéac*).

Ce département, compris dans la presqu'île de Bretagne, est du ressort de la cour royale et de l'académie de Rennes, de l'évêché de St-Brieuc, et tire son nom de sa position à l'égard de la presqu'île.

St-Brieuc, chef-lieu, port de mer, possède un beau pont d'une seule arche, construit en granit du pays. On y remarque la cathédrale, ancien temple des druides.

Dinan, petit port, possède le cœur de Bertrand Duguesclin, qui la défendit contre le duc de Lancastre, qui l'assiégeait en 1389.

LII⁰ ENTRETIEN.

55. Département du Morbihan (4 arrondissements, *Vannes, Lorient, Ploërmel, Pontivy*).

Ce département fait partie de la presqu'île de Bretagne, de la cour royale, de l'académie de Rennes et de l'évêché de Vannes, et tire son nom du golfe de Morbihan.

Vannes, chef-lieu, port de mer, a une belle cathédrale et de manifiques promenades.

Lorient, port de mer pour la marine de guerre, fait un grand commerce avec les Indes. La citadelle de Port-Louis défend l'entrée de la baie de Lorient.

Quiberon, port de mer, à l'extrémité d'une presqu'île, est célèbre par la malheureuse descente qu'y firent les émigrés français en 1795. Entre Ploërmel et Josselin est un obélisque en marbre blanc, élevé à la mémoire d'un combat qui y fut livré entre 30 Anglais et 30 Français ; ces derniers furent vainqueurs.

28. Département du Finistère (5 arrondissements, *Quimper, Morlaix, Brest, Quimperlé, Chateaulin*).

Ce département, situé à l'extrémité de la presqu'île de Bretagne, est du ressort de la cour royale et de l'académie de Rennes et de l'évêché de Quimper, et tire son nom de sa position à la fin de la terre.

Quimper, chef-lieu, port de mer très-commode pour les petits vaisseaux.

Brest, ville forte et port militaire, où se font les grands armements de France. Les établissements pour la marine sont remarquables.

Morlaix, à deux lieues de l'Océan, avec un bon port, sur la rivière de son nom.

Ouessant, île à 5 lieues de la côte, près de laquelle eut lieu un combat naval, en 1778, entre les Français et les Anglais.

19. Département de la Corse (5 arrondissements, *Ajaccio, Bastia, Calvi, Corté, Cartène*).

Ce département, situé dans la Méditerranée, entre le territoire de Gênes et la Sardaigne, est du ressort de la cour royale et de l'académie de Bastia et de l'évêché d'Ajaccio, et prend le nom de l'île.

Ajaccio, chef-lieu, port de mer, est la patrie de l'empereur Napoléon Bonaparte.

Bastia, ville forte, petit port, siége de la cour royale et de l'académie.

Calvi, ville forte, sur une montagne escarpée, fut bombardée et prise par les Anglais, en 1794; mais les Français la reprirent bientôt après.

Corté, ville forte et citadelle, fait le commerce du cristal.

LIIIe ENTRETIEN.

LACS REMARQUABLES.

Les seuls lacs qui méritent d'être cités sont le lac Grand-Lieu, dans le département de la Loire-Inférieure, et l'étang de Carcans, dans le département de la Gironde.

CAPS PRINCIPAUX.

Les cinq caps les plus remarquables de France sont, au nord : 1º le cap Gris-Nez, entre Calais et Boulogne ; 2º la pointe de Barfleur, à l'extrémité N.-E. du département de la Manche ; 3º le cap La Hogue, à l'extrémité nord-ouest du même département ; 4º le cap ou bec du Raz ; 5º la pointe de Pennemark, au sud-ouest du département du Finistère.

DÉTROITS PRINCIPAUX.

Les quatre principaux détroits sont : le Pas-de-Calais, entre la France et l'Angleterre ; le détroit ou pertuis Breton, entre la Vendée et l'île de Ré ; le pertuis d'Antioche, entre les îles de Ré et d'Oléron ; le pertuis de Montmusson, qui sépare l'île d'Oléron du département de la Charente-Inférieure.

GOLFES.

Les sept principaux golfes de France sont : 1° le golfe de Gascogne, 2° la baie de Brest, 3° le Morbihan, 4° le bassin d'Arcachon, formés par l'Océan Atlantique ; 5° l'étang de Berre, 6° l'étang de Thau, 7° le golfe de Lyon, formés par la Méditerranée.

LIVe ENTRETIEN.

FLEUVES.

Noms.	*Source.*	*Affluents.*	*Embouchure.*
RHONE.	Au mont Furca, en Suisse.	L'Ain. La Saône et le Doubs. L'Isère. L'Ardèche. La Drôme. La Durance. Le Gard.	Dans la Méditerranée, par plusieurs bouches.
GARONNE	Dans les Pyrénées espagnoles, au Val-d'Aran.	L'Ariége. Le Tarn. L'Aveyron. Le Gers. Le Lot. La Dordogne. { Corrèze. Vézère. }	Réunie à la Dordogne, elle prend le nom de Gironde, et se jette dans l'Océan près de Blaye.
LOIRE.	Au mont Gerbier-des-Joncs, dans les Cévennes.	L'Allier. La Nièvre. Le Loiret. Le Cher. L'Indre. La Vienne et la Creuse. La Maine. { Sarthe. Loir. Mayenne. } La Sèvre Nantaise.	Dans l'Océan, près de Paimbœuf.
SEINE.	Au mont Tasselot, dans les Côtes-d'Or.	L'Yonne. La Marne. L'Oise et l'Aisne. L'Eure.	Dans l'Océan, au Hâvre-de-Grâce.

Noms.	Source.	Affluents.	Embouchure.
RHIN.	Au mont St-Go-thard, en Suisse.	L'Ill. La Mo-selle. { Meurthe. Sarre. } La Meuse. La Sambre.	Dans la mer du Nord (1).

FLEUVES SECONDAIRES.

Noms.	Source.	Affluents.	Embouchure.
ESCAUT.	Dans le départe-ment de l'Aisne.	La Lys.	Dans la mer du Nord.
SOMME.	Id.		Dans la Manche.
ORNE.	Dans le départe-ment de ce nom.		Id.
VILAINE.	Id.	L'Ille.	Dans l'Océan.
SÈVRE Niortaise.	Aux monts Jar-gean.	Vendée.	Id.
CHARENTE.	Id.		Id.
ADOUR.	Dans les Pyré-nées.	Gave de Pau.	Dans le golfe de Gascogne.
AUDE.	Pyrénées orientales.		Golfe de Lyon.
HÉRAULT.	Monts du Gévaudan.		Id.
VAR.	Alpes maritimes.		Méditerranée.

LVe ENTRETIEN.

MONTAGNES.

LIGNE DE PARTAGE DES EAUX DE LA FRANCE ENTRE L'OCÉAN ET LA MÉDITERRANÉE.

Chaines.	Points culminants.	Hauteurs.
Pyrénées.	Mont Vignemale. : .	3584 mèt.
	Mont Perdu	3410
	Pic Poset.	3440
	Pic Néthou ou Maladetta	3481
	Pic du Midi.	2935
	Mont Canigou. . . .	2781
Cévennes. Monts Corbières.	Hauteur moyenne de 7 à 800	
Montagnes noires.	Pic Montant.	1040
Monts Garrigues.	. . . .	1170

(1) Arrivé à Dusseldorf, ce fleuve se divise en quatre branches, appelées Vahal, Leck, Yssel et Rhin ; cette dernière, arrivée à Leyde, se divise encore en une multitude de branches qui vont se perdre dans les dunes, au-dessous de cette ville.

Chaines.	Points culminants.	Hauteur.
Montagnes du Gévaudan.	Mont Lozère	1520 mèt.
Montagnes du Vivarais.	Mont Mézen.	1766
	Mont Gerbier	1560
Montagnes du Lyonnais.	Mont Tarare	1450
	Mont Pilat	1072
Montagnes du Beaujolais.	Hauteur moyenne. .	640
Id. du Charollais.	Haute Joux	995
Côte-d'Or.	Mont Tasselot. . . .	602
Plateau de Langres.	Mont Affrique. . . .	570
Monts Faucilles.	Les Fourches	490
Vosges	Ballon d'Alsace . . .	1266
	Mont Tendre	1690
Jura.	Le Recolet	1715
	Landoz.	1427
	La Dôle.	1680
En Corse.	Monté Rotondo . . .	2572
	Monté d'Oro	2552

CHAINES SECONDAIRES.

Des montagnes du Gévaudan sort une chaîne secondaire , allant à l'ouest, dont les diverses parties prennent les noms de :

Montagnes de la Margeride.	Mont Boissier. . . .	1500
Id. d'Auvergne.	Cantal	1857
Monts Dores.	Puy-de-Sancy. . . .	1884
Monts Dômes (rameau).	Puy-de-Dôme	1467
Monts Odouze.	. . . .	1065
Monts Jargean.	. . . .	550
Montagnes du Forez (rameau).	Pierre-sur-Haute . .	1600

Des Côtes-d'Or se détache une chaîne secondaire , allant à l'ouest sous le nom de :

Montagnes du Morvan.	Hauteur moyenne . .	390

Des monts Faucilles s'en détachent deux autres sous les noms de :

Monts d'Argonne.	Hauteur moyenne . .	435
Monts Ardennes.	Id. Id.	435
Vosges (rameau).	Ballon de Guebwiller.	1403
	Donon	1010
	Mont Pelvoux	4095
	Mont Olan	4215
Alpes cottiennes.	Mont Genèvre. . . .	5590
	Mont Viso	3835
Alpes Maritimes.	Montagne de Lure. .	1750
Monts Esterel (rameau).	Mont St-Michel.	
	Mont Taillon.	

LVI° ENTRETIEN.

PORTS DE MER.

Il y a en France 5 ports de mer pour la marine de guerre; ce sont: 1° sur l'Océan, Cherbourg, Brest, Lorient et Rochefort; 2° sur la Méditerranée, Toulon.

Il y en a 16 affectés à la marine marchande; ce sont: 1° sur l'Océan, Dunkerque, Calais, Boulogne, Dieppe, le Hàvre, Rouen, St-Malo, Morlaix, Nantes, les Sables-d'Olonne, la Rochelle, Bordeaux et Bayonne; 2° sur la Méditerranée, Cette, Marseille et Antibes.

CANAUX PRINCIPAUX.

Il y a en France neuf canaux principaux, savoir: le canal de St-Quentin, de l'*Escaut* à la *Somme*; celui de Picardie, de la *Somme* à l'*Oise*; ceux d'Orléans, de Briare et de Loing, de la *Loire* à la *Seine;* le canal de Bourgogne, qui joint la *Saône* et le *Doubs* à l'*Yonne;* le canal Monsieur, de la *Saône* au *Doubs*, et par-là du *Rhône* au *Rhin;* celui du Centre, de la *Saône* à la *Loire;* celui du Midi, de la *Méditerranée* à l'*Océan.*

EAUX MINÉRALES NATURELLES.

La France possède 13 sources d'eaux minérales, très-renommées, savoir: celle de St-Amand, dans le département du *Nord;* celle de Forges, dans le département de la *Seine-Inférieure;* celle de Passy, dans le département de la *Seine;* celle d'Enghien-les-Bains, dans le département de la *Seine-et-Oise;* celle de Bourbonne-les-Bains, dans la *Haute-Marne;* celle de Plombières, dans les *Vosges;* celle de Bourbon-Lancy, dans le département de *Saône-et-Loire;* celle de Balaruc, dans le département de l'*Hérault;* celles de Bagnères et de Barréges, dans

les *Hautes-Pyrénées* ; celles de Bourbon - l'Archam-
bault et de Vichy, dans le département de l'*Allier*;
celle du Mont-d'Or, dans le département du *Puy-de-
Dôme*.

LVIIe ENTRETIEN.

ILES.

Les principales îles appartenant à la France
sont : 1° dans la *Méditerranée*, la Corse, les îles
d'Embiez, d'Hières et de Lérins ; 2° dans l'*Océan*,
Belle-Ile, Noirmoutier, l'Ile-Dieu, l'île de Ré,
d'Oléron, les Minquières, au nord de la Bretagne,
les îles de Sein et de Glenan, sur la côte du département de *Finistère*, celle d'Houat et d'Hoédic, à
l'est de *Belle-Ile* ; l'ilot de la tour de Cordouan, à
l'embouchure de la *Gironde*.

PRESQU'ILES.

Les seules presqu'îles qu'on puisse citer sont :
la partie nord du département de la Manche, la
Bretagne et la presqu'île de Quiberon.

CHEMINS DE FER.

Depuis quelques années la France possède plusieurs chemins de fer ; les principaux sont : 1° de
St-Etienne à Roanne, et de St-Etienne à Lyon; 2° de
Paris à Orléans, et de Paris à Pontoise; 3° de Beaucaire à Nimes ; 4° de Montpellier à Cette, etc.

LVIIIe ENTRETIEN.

POSSESSIONS HORS DE L'EUROPE.

La France possède : 1°, en Asie, dans l'Hindoustan, Pondichéry, Mahé, Karikal, Ganjam et
Chandernagor, qui ont ensemble une surface de
80 lieues carrées, et une population de 179,000
habitants ; 2° en Afrique, le royaume d'Alger, la
colonie du Sénégal, l'île de Gorée et quelques

comptoirs dans l'intérieur; l'île de Bourbon et un petit établissement à Ste-Marie, près de Madagascar; 3° en Amérique, les îles St-Pierre et de Miquelon, dans le golfe St-Laurent; la Martinique, la Guadeloupe, Marie-Galante, les Saintes, la Désirade, une partie de l'île St-Martin, et les dépendances, qui ont ensemble une surface de 180 lieues carrées, et une population de 208,000 habitants; enfin la Guyane, qui a 1,700 lieues de surface, et 18,000 habitants.

TROISIÈME PARTIE.

Suite de L'EUROPE.

Ier ENTRETIEN.

ESPAGNE (royaume 11,500,000 habitants.)

L'Espagne fut d'abord soumise en grande partie aux Carthaginois, ensuite aux Romains, après 200 ans de résistance. Les Visigoths, chassés des Gaules par Clovis, s'y établirent vers l'an 500. Les Arabes s'en étant emparés, en 711, y établirent le mahométisme; mais les princes chrétiens, après 8 siècles de lutte, les chassèrent peu à peu; et Ferdinand et Isabelle achevèrent la délivrance de l'Espagne, en 1492, par la prise de Grenade. Ce fut vers ce temps que Christophe Colomb partit pour la découverte du Nouveau-Monde.

Son *gouvernement* était autrefois une monarchie absolue; la loi salique y était observée; mais depuis Ferdinand VII, la couronne est passée à sa fille Dona Isabelle, qui a donné une constitution à son peuple.

La religion catholique est la seule permise dans ce pays. C'est une des contrées où l'instruction est le moins répandue.

L'Espagne produit abondamment tout ce qui est nécessaire à la vie, et les fruits des pays chauds. Les chevaux d'Andalousie sont renommés. Les mérinos, moutons d'Espagne, donnent une laine très-fine et très-estimée.

IIe ENTRETIEN.

DIVISION GÉNÉRALE.

L'Espagne se divise en 14 provinces, parmi lesquelles on comptait autrefois plusieurs royaumes, sous les noms de Léon, de Valence, d'Aragon et de Castille. Ces provinces sont : 4 au nord, 4 au milieu, 2 au sud et 4 à l'est.

VILLES REMARQUABLES.

Madrid, sur le Manzanarès, capitale de l'Espagne depuis 1563.

Barcelone, avec un beau port sur la Méditerranée, est la place la plus forte d'Espagne.

Séville, sur le Guadalquivir, est la plus belle ville d'Espagne.

Cadix, ville très-forte, dans une petite île jointe par une chaussée à l'île de Léon, fut prise par les Français en 1823.

Grenade était la capitale du dernier royaume des Maures en Espagne.

Saragosse, sur l'Ebre, est célèbre par le siège qu'elle soutint contre les Français, en 1809,

Tolède, sur le Tage, fut capitale de l'Espagne, avant Madrid.

Carthagène, avec un bon port sur la Méditerranée, fut fondée par les Carthaginois.

Alicante, près de la Méditerranée, est connue par ses vins.

Salamanque possède l'université la plus célèbre de l'Espagne.

Pampelune; près de cette ville est la vallée de Roncevaux, où fut tué Roland, neveu de Charlemagne.

Port-Mahon fut fondée par les Carthaginois ; les Français la prirent d'assaut en 1756, après un siége mémorable.

Palos, petit port, d'où partit Christophe Colomb.

IIIe ENTRETIEN.

FLEUVES.

Le *Minho* prend sa source dans les monts Cantabres, sépare l'Espagne du Portugal, et se jette dans l'Océan.

La *Guadiana* prend sa source aux monts Ibériens. Après un trajet de 12 lieues, ce fleuve disparaît sous terre, et après avoir parcouru l'espace de 3 lieues, il ressort par deux ouvertures appelées les *Yeux de la Guadiana*.

Le *Guadalquivir* prend sa source aux monts Ibériens, et se jette dans l'Océan, au nord de Cadix.

L'*Ebre* prend sa source aux monts Cantabres, et se jette dans la Méditerranée, près de Tortose.

LACS.

Le seul lac remarquable en Espagne est celui d'Albuféra, au sud de Valence.

CAPS.

Les principaux caps d'Espagne sont : les caps Ortégal et Finisterre, le cap Trafalgar, où furent défaites les flottes française et espagnole, par les Anglais, en 1805 ; le cap Palos, celui de Saint-Martin, et le cap Créus.

IVᵉ ENTRETIEN.

MONTAGNES.

Les principales chaînes de montagnes sont : les monts Ibériens, les Cantabres, la Sierra d'Estrella, la Sierra d'Ossa, la Sierra Moréna et la Sierra Névada, dont les points les plus élevés sont : le mont Maudit, dans les Pyrénées; le mont Serrat, au nord-est de Barcelone, où l'on voit un monastère célèbre, d'où sortit, en 1522, Ignace de Loyola, fondateur de l'ordre des Jésuites; le pic Mulacen (3,500 m.) dans la Sierra Névada.

Vᵉ ENTRETIEN.

PORTUGAL (royaume, 3,683,000 hab.)

Le royaume de Portugal était une partie de l'ancienne Lusitanie. Il fut conquis par les Maures, de 712 à 715, avec le reste de la Péninsule. Alphonse Henriquez, de la maison de Bourgogne, ayant remporté de grandes victoires sur les Musulmans, fut proclamé roi de Portugal, en 1139. Philippe II, roi d'Espagne, s'empara du Portugal, en 1580, et cette contrée resta sous le joug des Espagnols jusqu'en 1640, époque où les Portugais se révoltèrent, et placèrent Juan IV, duc de Bragance, sur le trône que ses descendants occupent encore.

Les Portugais se rendirent célèbres, dans les XVᵉ et XVIᵉ siècles, par leurs expéditions maritimes. Leurs immenses possessions en Asie, en Afrique et en Amérique, furent le fruit de leurs voyages sur mer.

Le Brésil, ancienne colonie du Portugal, forme actuellement un état séparé.

Son *gouvernement* est une monarchie héréditaire, même aux femmes. Sa *religion* est le catholicisme pour la majorité des Portugais.

VIe ENTRETIEN.

Le Portugal est une contrée peu étendue, coupée de belles vallées et de montagnes. Le climat est doux et salubre. Ce pays abonde en minéraux : on y trouve de l'or, de l'argent, du fer, du cuivre, etc. Le sol est fertile, mais mal cultivé. Il produit tous les fruits du Midi, et surtout beaucoup d'oranges, de citrons et des vins très-estimés. Les Portugais élèvent des chevaux, des bestiaux et des vers à soie.

DIVISION GÉNÉRALE.

Le Portugal se divise en 6 provinces, ayant chacune une ville capitale, et un gouverneur particulier.

VILLES REMARQUABLES.

Lisbonne, capitale du royaume, à l'embouchure du Tage, est un des ports les meilleurs et les plus vastes de l'Europe. Parmi les édifices de cette ville, on remarque l'aqueduc d'Alcantara, construit en marbre blanc, et qui a 35 arches. Cette ville fut presque entièrement détruite par un tremblement de terre, en 1755.

Coïmbre, sur le Mondégo, possède la seule université du Portugal.

Porto, avec un port, à l'embouchure du Douro, est la plus riche et la plus commerçante, après Lisbonne. Elle a des vins estimés. Cette ville donna le nom au Portugal.

Braga, ville forte, a des manufactures d'armes à feu. Elle a été la capitale du royaume des *Suèves*.

Evora possède une belle cathédrale et un haras royal ; elle fut la capitale du gouvernement de *Sertorius*.

VIIe ENTRETIEN.

FLEUVES.

Le *Douro* prend sa source aux monts Ibériens, en Espagne, et se jette dans l'Océan, près de Porto.

Le *Tage* prend sa source aux monts Ibériens, et se jette dans l'Océan, près de Lisbonne.

Le *Mondégo*, dont la source est dans le Portugal, et le *Sadao*, sont les deux fleuves qui méritent d'être cités après les deux premiers.

MONTAGNES.

Les deux chaînes principales sont : la Sierra d'Estrella, et la Sierra Monchique.

CAPS.

On remarque en Portugal le cap Da-Roca, à l'ouest de Lisbonne, et le cap St-Vincent, au sud-ouest du Portugal.

VIIIe ENTRETIEN.

SARDAIGNE (royaume, 4,000,000 habit.).

Cette contrée, qui fait partie de l'Italie, était la patrie des Allobroges, du temps des Romains ; elle fut conquise par Auguste ; mais au Ve siècle, les Bourguignons la subjuguèrent et la joignirent à leur empire. Ensuite elle fut donnée en souveraineté à des princes qui prirent le nom de comtes et de ducs. En 1798, les Français s'en emparèrent, et en formèrent plusieurs départements ; mais en 1814, elle fut rendue à ses maîtres, qui prirent le titre de roi.

Son *gouvernement* est une monarchie absolue.

Sa *religion* est le catholicisme pour tous les habitants.

DIVISION GÉNÉRALE.

La Sardaigne se divise en 5 parties : 1° le Piémont ; 2° la Savoie ; 3° le comté de Nice ; 4° le duché de Gênes ; 5° l'île de Sardaigne.

VILLES REMARQUABLES.

Turin, sur le Pô, très-belle ville, capitale du royaume, possède une célèbre académie des sciences. Ses rues, tirées au cordeau, sont larges, et se coupent à angles droits. On y remarque le palais royal et l'arsenal. Cette ville fut prise par les Français en 1797.

Gênes, belle et forte ville, avec un port sur la Méditerranée, a été la capitale d'une république célèbre par sa marine et son commerce. Les Français y soutinrent, en 1800, contre les Autrichiens, un siége des plus mémorables des temps modernes.

Alexandrie est la ville la plus forte de l'Italie; dans ses environs est le village de Marengo, où les Français remportèrent une célèbre victoire sur les Autrichiens, en 1800. Desaix y fut tué.

Mondovi est remarquable par la victoire qu'y remportèrent les Français en 1796.

Nice attire, par la douceur de son climat, un grand nombre d'étrangers.

Cagliari, capitale de l'île de Sardaigne, possède une université.

IXᵉ ENTRETIEN.

FLEUVES.

Le Pô est le seul fleuve de Sardaigne qui mérite d'être cité. Il prend sa source dans les Alpes, au mont Viso, et se jette dans la mer Adriatique.

MONTAGNES.

Les monts les plus remarquables sont : le mont Rose (4,636 m.); le mont Blanc (4,801), le pic le plus élevé de l'Europe centrale ; le mont Cenis (3,550) sur lequel les Français ont ouvert une belle route en 1805; le mont Viso (3,836).

SUISSE (république, 1,558,000 habitants).

La Suisse portait autrefois le nom d'*Helvétie*. Les habitants se sont toujours fait remarquer par leur courage ; cependant la Suisse fut soumise aux Romains par Jules-César. Elle appartint ensuite à la France, puis à l'Allemagne ; mais en 1308, la tyrannie des gouverneurs ayant excité une révolte contre l'empereur Albert Ier, quelques cantons se réunirent en confédération, et se défendirent contre leurs oppresseurs. La Suisse est aujourd'hui une république fédérative, composée de 22 cantons, qui ont chacun leur gouvernement particulier. La diète fédérale se réunit tous les ans pour discuter et traiter les grands intérêts de la confédération.

La Suisse est, après la Savoie et les Alpes tyroliennes, le pays le plus élevé de l'Europe. Elle présente les sites les plus pittoresques et les plus variés. Le terroir, quoique bien cultivé, est généralement peu fertile et ne peut suffire aux besoins de ses habitants, qui sont forcés de louer leurs services militaires à plusieurs puissances de l'Europe.

Xe ENTRETIEN.

La religion protestante domine en Suisse ; mais on y trouve plus de 700 mille catholiques.

VILLES REMARQUABLES.

Genève, sur le lac de ce nom, à la sortie du Rhône, est la ville la plus importante de la Suisse. Elle est remarquable par ses établissements d'instruction publique et par ses fabriques d'horlogerie. Calvin y introduisit sa doctrine en 1535.

Bâle, sur le Rhin, est la ville la plus commerçante de la Suisse. On prétend que l'art de faire le papier y fut inventé.

Zurich, sur le lac de ce nom, est la première ville de la Suisse qui se sépara de l'Eglise romaine, et embrassa la réforme de Zuingle, en 1519. Les Français y remportèrent une grande victoire sur les Russes et les Autrichiens.

Schaffouse ; à une lieue de cette ville, on voit la cataracte de Laufen, où le Rhin tombe d'une hauteur de 60 pieds dans un endroit où il a 300 pieds de large.

Altorf est le berceau de la liberté helvétique, et la patrie de Guillaume Tell. On voit une fontaine à l'endroit où se plaça Tell pour abattre d'un coup de flèche une pomme sur la tête de son fils, et une autre fontaine à la place où était l'enfant.

Zug ; près de cette ville est le mont Morgaten, où 1400 Suisses vainquirent, en 1315, une armée de 20 mille Autrichiens.

Sion, sur le Rhône, est peuplée d'un grand nombre de ces êtres malheureux qu'on apelle *crétins ;* ils sont sourds, muets, imbécilles, et ont des goîtres énormes.

Morat vit la défaite de Charles-le-Téméraire, par les Suisses, qui firent deux pyramides des os des Bourguignons.

XIe ENTRETIEN.

LACS.

La Suisse donne naissance à de grands cours d'eau, et est baignée par cinq lacs principaux : 1° celui de Genève, traversé par le Rhône ; 2° celui de Constance, traversé par le Rhin ; 3° celui de Neufchâtel ; 4° celui de Lucerne: 5° celui de Zurich.

FLEUVES.

Le Rhône et le Rhin y prennent leur source.

MONTAGNES.

Les montagnes et les cols les plus remarquables sont : 1° le grand *St-Bernard* (3,471 m.) ; on y trouve, à 2,490 m. de hauteur, un passage célèbre qui fut franchi par l'armée française, en 1800, et près duquel est un hospice, qui est l'habitation la plus élevée de l'Europe. 2° Le mont *St-Gothard* (3,025 m.). 3° Le col du *Simplon* (2,000 m.), où les Français ont ouvert une belle route, en 1801. 4° Les monts *Jura*, qui séparent la Suisse de la France, dont le pic le plus élevé a 1,690 **m.**

XIIe ENTRETIEN.

BELGIQUE (royaume, 3,000,000 hab.).

La Belgique a long-temps appartenu à l'Autriche. Elle fut conquise par les Français pendant les guerres de la révolution, et réunie à la France. En 1814, elle fut unie à la Hollande pour former le royaume des Pays-Bas; mais en 1830 les Belges ont chassé les Hollandais et ont formé un état séparé, dont le *gouvernement* est une monarchie constitutionnelle, et la *religion dominante* le catholicisme.

La Belgique offre une agréable variété de bois, de prairies et de champs aussi fertiles que bien cultivés. Les Belges sont aussi industrieux que bons cultivateurs : leurs toiles et leurs dentelles sont très-estimées.

DIVISION GÉNÉRALE.

La Belgique se divise en 9 provinces.

VILLES REMARQUABLES.

Bruxelles, capitale, sur un canal qui communique avec l'Escaut. On y remarque l'église de Ste-Gudule, l'hôtel-de-ville, les promenades. Les dentelles de ses fabriques sont très-estimées. A 4 lieues sud-est de cette ville, est le village de Waterloo, où Napoléon fut vaincu en 1815.

Anvers, ville forte et commerçante, est célèbre par le siége que les Français y firent en 1833 contre les Hollandais. Elle a un beau port sur l'Escaut.

Gand, ville commerçante, au confluent de l'Escaut et de la Lys, a vu naître Charles-Quint.

Bruges, à 3 lieues de la mer, ville commerçante, entrecoupée de canaux, possède le tombeau de Charles-le-Téméraire.

XIIIe ENTRETIEN.

Liége, sur la Meuse, a des fabriques d'armes; à 6 lieues de cette ville est le village de Spa, connu par ses eaux minérales.

Tournay, ville forte et très-ancienne, sur l'Escaut; près de là se trouve le village de Fontenoy, où Louis XV vainquit les Anglais et les Hollandais, en 1745.

Mons est à une lieue du village de Jemmapes, où les Français remportèrent une célèbre victoire, en 1792.

Namur, au confluent de la Sambre et de la Meuse; à 4 lieues de cette ville est le village de Fleurus, où les Français ont remporté trois victoires : la première en 1690, gagnée par le maréchal de Luxembourg, sur les Allemands; la seconde en 1794, gagnée par le maréchal Jourdan, sur les alliés; et la troisième en 1815, gagnée par Napoléon, sur les Prussiens.

FLEUVES.

Les fleuves de la Belgique sont la Meuse et l'Escaut.

XIVe ENTRETIEN.

ANGLETERRE (royaume, 23,920,000 hab.).

L'Angleterre fut conquise par les Romains, vers l'an 78 ; mais ils l'abandonnèrent en 448. Les Anglais ou Bretons, opprimés par les Ecossais, appelèrent les Anglo-Saxons, qui s'emparèrent à leur tour de cette contrée, et la nommèrent Angleterre. Alors les habitants se retirèrent dans le pays de Galles et dans cette province de France appelée depuis Bretagne. En 1066, Guillaume-le-Conquérant se rendit maitre de ce pays, qui depuis n'a été envahi par aucune nation, et qui s'est accru successivement de l'Irlande, de l'Ecosse et d'immenses possessions dans toutes les parties du monde.

Son *gouvernement* est une monarchie constitutionnelle ; les femmes héritent de la couronne, mais leurs époux ne sont jamais rois.

La *religion anglicane* domine en Angleterre, le *presbytérianisme* en Ecosse ; ces deux sectes sont des branches de la religion protestante ; mais les Irlandais sont presque tous *catholiques*.

Il y a beaucoup de montagnes dans la Grande-Bretagne, surtout en Ecosse et dans le pays de Galles ; mais elles sont peu élevées. La température y est froide et humide ; le sol ne produit point de vin, ni guère de grains ; mais il abonde en fourrage. On y trouve des mines de fer, de plomb, de houille, etc. Une multitude de canaux favorisent le commerce.

XVe ENTRETIEN.

DIVISION GÉNÉRALE.

On divise les Iles-Britanniques en 4 parties : 1° l'Angleterre, 2° l'Ecosse, 3° l'Irlande, 4° les iles. L'Angleterre se subdivise en 52 comtés, l'Ecosse en 32, et l'Irlande en 4 provinces.

VILLES REMARQUABLES.

Londres, sur la Tamise, capitale de tout le royaume, a 1,500,000 habitants. Son port contient souvent plus de mille vaisseaux. Elle a 3 lieues de long, sur une et demie de large, et est divisée en trois grands quartiers : la Cité, Westminster et Southvark. Les principaux monuments de Londres sont : l'église de St-Paul, regardée comme le plus beau temple du culte protestant ; celle de Westminster, qui renferme les tombeaux de la famille royale et des grands hommes ; la Tour, vaste et antique édifice, où l'on dépose le sceptre et les diamants du roi, et où se fait le couronnement ; la colonne élevée en mémoire de l'incendie de 1666, qui dévora la majeure partie de la ville ; elle a 62 mètres 50 centimètres de haut, sur 5 mètres de diamètre ; la Bourse royale, un des plus beaux édifices de l'univers en ce genre, etc.

Greenwich, sur la Tamise, est connue par son observatoire ; c'est là que passe le premier méridien des Anglais.

Oxford et *Cambridge* sont les deux principales universités d'Angleterre.

Canterbury est la résidence de l'archevêque primat d'Angleterre.

Edimbourg, capitale de l'Ecosse, est à une lieue de la mer. La ville de Leith lui sert de port. Elle possède une université célèbre.

Dublin, capitale de l'Irlande, port de mer, ville très-ancienne, la plus considérable après Londres, possède la seule université de l'Irlande.

XVIᵉ ENTRETIEN.

FLEUVES.

Les fleuves de l'Angleterre sont 1° la Tamise, qui se forme des deux rivières de Tames et d'Isis ; elle passe à Londres, et se jette dans la mer du Nord.

2° La Severn prend sa source dans les montagnes du pays de Galles, et se jette dans le canal de Bristol.

3° Le Schannon arrose l'Irlande et se jette dans l'Océan.

4° L'Humber, formé de la Trent et de l'Ouse.

On cite encore la Tweed, qui sépare l'Ecosse de l'Angleterre, le Forth, le Tay et la Clyde ; ces trois derniers sont des fleuves secondaires.

CANAUX.

L'Angleterre possède un grand nombre de canaux ; les plus remarquables sont : 1° le canal de Bridgewater, le premier qui ait été creusé en Angleterre et qui unit la mer d'Irlande à la mer du Nord ; 2° le grand Trunk, qui unit la mer d'Irlande à la Trent et à la Severn, qui communique à la Tamise par le canal de jonction ; 3° en Ecosse, le canal de Glascow, qui joint le Forth à la Clyde, et le canal Calédonien, qui joint le golfe de Murray à l'Océan Atlantique ; 4° en Irlande, le canal Royal, qui part de Dublin et qui joint la mer d'Irlande au Schannon.

XVII° ENTRETIEN.

LACS.

Les principaux lacs sont : 1° en Ecosse, le lac Ness, traversé par le canal Calédonien, et le lac Lomond ; 2° en Irlande, les lacs Neagh, Erne, Conn, Mask, etc.

MONTAGNES.

Les plus remarquables sont : les monts Cramptants, en Ecosse ; les monts Cheviots, qui séparent en partie l'Ecosse de l'Angleterre ; les Moorlands, dans le nord de l'Angleterre, et les montagnes du pays de Galles.

Le point le plus élevé de la Grande-Bretagne est le Snowdon (1,089 mètres).

CAPS.

Les plus remarquables sont : le cap Dunnet,

au nord de l'Ecosse ; les caps Lands-end et Lizard,
au sud-ouest de l'Angleterre.

XVIIIe ENTRETIEN.

HOLLANDE (royaume, 5,562,000 hab.).

Les Hollandais étaient sous la dépendance des
rois d'Espagne ; mais en 1579, ils se révoltèrent
et formèrent une république. Leur industrie et
leur marine leur procurèrent bientôt d'immenses
richesses. La Hollande fut conquise par les Français, dans les guerres de la révolution ; mais en
1815 on y joignit la Belgique et l'on en forma
le royaume des Pays-Bas ; ces deux contrées se
sont séparées en 1830.

Son *gouvernement* est une monarchie constitutionnelle.

Sa *religion dominante* est le protestantisme.

Le climat de la Hollande est humide et mal-
sain ; mais la grande propreté des habitants les
préserve des mauvais effets de la température.
L'industrie et le commerce procurent aux Hollandais tout ce que le sol de leur pays leur refuse :
car, à l'exception des pâturages, les fruits de la
terre sont fort peu de chose. Les toiles , les cuirs
et les fromages de Hollande sont fort estimés.

DIVISION GÉNÉRALE.

La Hollande se divise en 9 provinces.

XIXe ENTRETIEN.

VILLES REMARQUABLES.

La Haye, près de la mer du Nord, capitale,
ou du moins séjour habituel du prince , est la
plus jolie ville de la Hollande.

Amsterdam, sur le Zuyderzée, avec un port
qui peut contenir plus de mille vaisseaux , est

une des villes les plus florissantes de l'Europe.

Rotterdam, sur la Meuse, est la plus commerçante après Amsterdam. On y remarque le palais de la bourse.

Utrecht fabrique des velours. L'union des provinces de la Hollande fut établie dans cette ville, en 1579, et la paix y fut signée en 1713 entre la France, la Hollande et l'Angleterre.

Nimègue, sur le Vahal, est célèbre par la paix que Louis XIV y conclut, en 1678, avec les principales puissances de l'Europe.

Maestricht, sur la Meuse, a un hôtel-de-ville remarquable, et tous ses édifices sont très-beaux. Cette ville fut prise par les Français en 1794.

Middelbourg, sur la mer du Nord, a deux ports, dont un très-bon ; ses places et ses édifices publics sont magnifiques.

Saardam, sur le Zuyderzée, est le plus grand bourg de la Hollande. On y voit encore la petite maison que Pierre-le-Grand habitait, lorsqu'il apprit, dans ce port, la construction des vaisseaux.

XXe ENTRETIEN.

FLEUVES.

Les fleuves qui arrosent la Hollande sont : le Rhin, qui se divise en quatre branches ; la Meuse, grossie du Vahal, du Leck et de la Sambre ; l'Escaut, qui à Anvers se divise en deux branches ; l'une conserve le nom d'Escaut jusqu'à la mer du Nord, l'autre prend celui de Hondt.

ILES.

Le Zuyderzée est presque fermé au nord par un cordon d'îles, dont la principale est le Texel.

La province de Zélande se compose d'un groupe d'îles, formées par les bouches de l'Escaut et de la Meuse.

XXI° ENTRETIEN.

Confédération Germanique (30,000,000 hab.).

On appelle *Confédération* l'union de plusieurs petits états de l'Allemagne, dont les souverains, incapables de résister seuls à leurs ennemis, ont juré une alliance offensive et défensive, afin d'assurer leur indépendance et leur tranquillité. L'Autriche, la Prusse, le Danemarck, la Belgique et l'Angleterre font partie de la Confédération pour les portions de territoire qui leur appartiennent et qui sont situées sur les confins ou dans l'intérieur de l'Allemagne. Le chef de cette confédération est l'empereur d'Autriche, qui préside toujours la diète, qui se réunit à Francfort. Le nom de *Germanique* lui vient du nom que portait autrefois l'Allemagne, appelée *Germanie*.

Cette Confédération se compose : des états d'Allemagne appartenant à l'Autriche ; du grand-duché du Bas-Rhin, appartenant à la Prusse ; du Holstein, appartenant au Danemarck ; du grand-duché de Luxembourg, appartenant à la Belgique ; du Hanovre, appartenant à l'Angleterre ; de la Bavière ; de la Saxe ; du Wurtemberg ; du grand-duché de Bade ; du grand duché de Hesse ; du duché d'Oldenbourg ; des duchés de Mecklembourg-Schwérin et Mecklembourg-Strélitz ; du duché de Saxe-Weimar, et des villes libres de Lubeck, Francfort, Brême et Hambourg.

XXII° ENTRETIEN.

BAVIÈRE (royaume, 3,560,000 hab.).

Le souverain de ce petit état portait autrefois le simple titre d'électeur; mais en 1805, s'étant allié aux Français, il reçut le titre de roi et

un accroissement de territoire ; les arrangements
de 1815 lui ont conservé l'un et l'autre.

Munich, sur l'Iser, capitale, grande et belle
ville, a dans son sein toutes les institutions des
premières capitales du monde. Le palais du prince
est un des plus grands et des plus beaux de
l'Europe.

Ratisbonne, grande et superbe ville, fut prise
par les Français en 1799. On y admire l'hôtel-de-
ville, les places, les fontaines et la salle des diètes.

Augsbourg, ville très-importante par son commerce. On y remarque les places, la cathédrale,
l'hôtel-de-ville, le palais épiscopal, la bibliothèque
publique, etc. Cette ville est célèbre par la con-
fession qu'y firent, en 1530, Luther et Mélanchton,
en présence de Charles-Quint. En vain assiégée
par Turenne, en 1646, les Français la prirent en
1705 et en 1800.

Landau, très-forte ville, sur le Rhin ; ses fortifications sont le chef-d'œuvre de Vauban.

Nuremberg, ville considérable par ses relations
commerciales. Ses édifices publics sont superbes.
On y admire la bibliothèque, l'observatoire,
l'hôpital, etc.

XXIIIe ENTRETIEN.

WURTEMBERG (royaume, 1,518,000 hab.).

Bonaparte érigea le Wurtemberg en royaume
en 1806, et y ajouta quelques provinces de son
voisinage ; en 1815 les alliés lui conservèrent
le titre de royaume ; mais ils lui retirèrent les
pays dont il avait été gratifié.

Stuttgard, capitale du royaume, ville belle et

riche. On admire ses édifices , sa galerie de tableaux et de statues.

Ulm, très-forte ville, sur la rive gauche du Danube, fut prise par Napoléon en 1805 , avec 20 mille hommes de garnison qui furent faits prisonniers.

BADE (duché , 1,0 00,000 hab.).

VILLES REMARQUABLES.

Carlsruhe, capitale du duché, jolie petite ville , bâtie en 1715.

Philisbourg, sur le Rhin , jadis une des plus fortes places de l'Allemagne. Ses fortifications furent rasées par les Français en 1800.

Manheim, jolie ville , a un palais magnifique , un observatoire, une synagogue et deux académies.

XXIVe ENTRETIEN.

HANOVRE (royaume , 1,305,000 hab.).

Le Hanovre forme , depuis 1814 , un royaume constitutionnel, dont le souverain est le roi d'Angleterre. Le protestantisme y domine.

VILLES REMARQUABLES.

Hanovre, capitale , ville forte , a vu naître l'astronome Herschel, qui découvrit la planète Uranus , en 1781.

Gottingue est célèbre par son université.

SAXE (royaume , 1,200,000 hab.).

Avant 1800, le souverain de ce pays portait le titre d'électeur ; en 1806, Napoléon lui donna celui de roi , les alliés le lui conservèrent en 1815.

Le roi est catholique; mais le peuple est presque tout protestant.

VILLES REMARQUABLES.

Dresde, capitale du royaume, sur l'Elbe, ville belle et célèbre. On y remarque le pont et l'église catholique. Les Français y remportèrent une célèbre victoire en 1813.

Leipzig est connue par son université, par ses foires et par la grande bataille que les Français y perdirent en 1813.

XXVe ENTRETIEN.

VILLES LIBRES DE LA CONFÉDÉRATION.

On appelle villes libres celles qui, quoique faisant partie de la Confédération, se gouvernent elles-mêmes. Elles sont au nombre de quatre :

Hambourg, sur l'Elbe, est la plus commerçante de l'Allemagne.

Francfort-sur-le-Mein, est le siége des diètes de la Confédération. On y remarque l'hôtel-de-ville, où les empereurs étaient élus, et l'église catholique de St-Barthélemi, où ils étaient sacrés.

Brême, sur le Wéser, et une ville très-commerçante.

Lubeck, à 4 lieues de la Baltique, est remarquable par ses édifices publics. Elle a plusieurs hôpitaux, un évéché et une magnifique place d'armes.

AUTRES VILLES ET LIEUX REMARQUABLES.

Mayence, au confluent du Mein et du Rhin, est la place la plus forte de la Confédération. On y admire la cathédrale, l'archevêché, les fontaines et les promenades. C'est la patrie de Jean Gutenberg, qui y inventa l'imprimerie, en 1440.

Iéna est célèbre par son université et par la victoire que les Français y remportèrent en 1806.

Constance, sur le lac de ce nom, est connue par le concile qui s'y tint en 1414.

XXVIᵉ ENTRETIEN.

FLEUVES.

Les fleuves qui arrosent les états de la Confédération, sont : l'Elbe, qui prend sa source en Bohême, aux monts Riesen ou des Géants, et qui se jette dans la mer du Nord ; le Wéser, qui se forme des deux rivières de Verra et de Fulde, et se jette aussi dans la mer du Nord.

AUTRICHE (empire, 30,000,000 hab.).

L'empire d'Autriche renferme les contrées appelées autrefois *Rhétie*, *Norique*, *Pannonie* et *Dacie*. Charlemagne, qui s'empara de la Norique, la nomma Autriche, *pays de l'est*. Les empereurs, qui avant 1806 étaient empereurs d'Allemagne, prétendent être successeurs des empereurs romains et de Charlemagne.

Son *gouvernement* est une monarchie *absolue*, excepté dans la Hongrie et la Transylvanie, où les états partagent avec le prince le droit de faire les lois.

Sa *religion dominante* est le catholicisme ; mais la liberté de conscience y est entière.

L'Autriche jouit d'une température douce ; le climat y est généralement sain. On y trouve des mines d'or, d'argent, de fer, de cuivre, etc. Le sol est fertile et bien cultivé, et produit tout ce qui est nécessaire aux premiers besoins de la vie. Depuis environ un siècle, l'industrie y a fait quelques progrès ; les verres de Bohême, les cuirs de Hongrie et les aciers de Styrie jouissent d'une grande réputation.

XXVIIᵉ ENTRETIEN.

DIVISION GÉNÉRALE.

L'empire d'Autriche se divise en 20 provinces, dont 13 font partie de la Confédération Germanique, et 7 n'en font point partie.

VILLES REMARQUABLES.

Vienne, capitale de l'empire, sur le Danube, est la plus grande ville de l'Allemagne. Elle a soutenu deux siéges contre les Turcs, le premier en 1529, et le deuxième en 1683. Les Français prirent cette ville en 1809.

C'est à Vienne que se tint, en 1814 et en 1815, le congrès qui fixa les limites des puissances, telles qu'elles sont aujourd'hui.

Trieste, sur la mer Adriatique, est le principal port de l'empire et celui par lequel il fait tout son commerce.

Lintz, sur le Danube, est remarquable par ses édifices et son institution de sourds-muets.

XXVIIIe ENTRETIEN.

Inspruck, jolie ville, possède de superbes églises et le tombeau de Maximilien Ier. Cette ville fut prise par les Français en 1809.

Prague, une des villes les plus importantes de l'empire, a un château royal. On y compte 92 églises, 8 synagogues et plus de 60 palais. Cette ville renferme toutes les institutions scientifiques des capitales les plus renommées.

Trente, sur la rive de l'Adige, est remarquable par le concile qui s'y tint de 1545 à 1563 contre les protestants.

Austerlitz, petite ville, est célèbre par la victoire que les Français y remportèrent le 2 décembre 1805 sur les armées russes et autrichiennes.

Wagram; les Français y remportèrent une grande victoire sur les Autrichiens, en 1809.

XXIXe ENTRETIEN.

FLEUVES.

Le seul fleuve de l'Autriche proprement dite est le Danube; mais la Bohême est baignée par l'Elbe.

On remarque dans l'Illyrie le lac Czirknitz, dont les eaux s'écoulent par des canaux souterrains, de sorte que l'on peut, dans la même année, labourer, pêcher et chasser sur le même sol.

MONTAGNES.

Les montagnes de l'Autriche sont les monts Carpathes et les monts Herciniens, en Bohême.

ITALIE.

De toutes les contrées de l'Europe, l'Italie est celle qui a joué le plus grand rôle dans l'histoire. Elle fut d'abord soumise aux Romains. Dans le Ve siècle, les barbares ayant démembré l'empire d'Occident, l'Italie fut envahie : 1° par les Ostrogoths ; 2° par les Lombards, qui y fondèrent une monarchie ; 3° par les Français, sous Pepin et sous son fils Charlemagne. En 1800 les Français la conquirent de nouveau sous les ordres du général Bonaparte, qui s'en fit déclarer roi en 1804 ; mais en 1814, les alliés la partagèrent en plusieurs petits états, en faveur de quelques princes qui la possèdent encore.

Cette contrée jouit d'un climat chaud et généralement sain, excepté dans la partie centrale, où les marais Pontins causent tous les ans des maladies épidémiques. Les belles plaines qui bordent le Pô, la variété des sites des Alpes et des Apennins qui la traversent, et les monuments en tous genres qu'elle renferme, charment le voyageur et en font la promenade des étrangers. On y trouve du marbre, du fer, du cuivre, etc. On y cultive le riz, le coton, la canne à sucre, l'olivier, l'oranger.

XXXe ENTRETIEN.

DIVISION GÉNÉRALE.

L'Italie se divise en 7 états, dont 4 grands et 3 petits. Les 4 grands sont : 1° le royaume *Lombard-*

Vénitien; 2° le grand-duché de *Toscane*; 3° les états de l'*Eglise*; 4° le royaume des *Deux-Siciles*.

Les 3 petites sont : le duché de *Parme*, le duché de *Modène*, et le duché de *Lucques*.

Royaume LOMBARD-VÉNITIEN (4,870,000 hab.).

Ce royaume, formé de l'ancien duché de Milan et des possessions en Italie de l'ancienne république de Venise, appartient à l'Autriche, qui y tient un vice-roi. Il est divisé en deux parties ; le gouvernement de Milan et le gouvernement de Venise.

XXXI° ENTRETIEN.

VILLES REMARQUABLES.

Milan est une des plus belles villes de l'Italie. On y remarque la cathédrale ; l'église de St-Ambroise, où les empereurs étaient couronnés rois d'Italie et le théâtre de la Scala. Le dôme de la cathédrale est admirable.

Venise, ancienne capitale d'une république célèbre, est bâtie sur 72 îles. C'est une des plus belles et des plus riches villes du monde. On y remarque l'église St-Marc, toute en marbre blanc, le palais du doge et une infinité d'autres palais magnifiques. Au moyen des nombreux canaux qui la coupent en tous sens, on la parcourt avec de petites nacelles, en guise de voitures.

Padoue, célèbre par son université, est la patrie de Tite-Live.

Vérone, sur l'Adige, possède un grand amphithéâtre, où les Romains faisaient battre les gladiateurs. Elle a vu naître Cornélius-Népos, Pline-l'Ancien et l'architecte Vitruve.

Mantoue, place très-forte. Virgile naquit à Andes. près de cette ville.

XXXIIe ENTRETIEN.

GRAND-DUCHÉ DE TOSCANE (1,214,000 hab.).

Cet état est gouverné par un grand-duc, qui a été rétabli en 1814.

VILLES REMARQUABLES.

Florence, capitale, sur l'Arno, possède de beaux monuments, parmi lesquels on doit citer la cathédrale, l'église St-Laurent, où reposent les Médicis ; le palais du grand-duc, qui renferme une des plus riches collections de tableaux et d'autres objets curieux et remarquables.

Livourne, ville forte, avec un beau port, est le centre du commerce de l'Italie avec le Levant.

Sienne était autrefois capitale d'une république, aussi célèbre que celle de Florence.

Pise, sur l'Arno, est remarquable par sa cathédrale et sa tour inclinée, qui lui sert de clocher. La terre de son cimetière, *Campo-Santo*, fut apportée de la Palestine sur 50 galères. C'est la patrie de Galilée.

XXXIIIe ENTRETIEN.

ÉTATS DE L'ÉGLISE (2,425,000 hab.)

Jusqu'au commencement du VIIIe siècle, les papes, qui n'étaient que les évêques de Rome, avaient partagé le sort des simples fidèles. Les donations que leur fit l'empereur Phocas, et plus encore celles de Pepin, roi de France, et de son fils Charlemagne, placèrent les pontifes au rang de souverains, qui depuis ont exercé sur toute la chrétienté leur puissance spirituelle, et sur le territoire de Rome une puissance temporelle, sous la protection immédiate de tous les rois chrétiens de l'Europe.

DIVISION GÉNÉRALE.

Les états de l'Eglise se partagent en 18 divisions administratives.

XXXIVe ENTRETIEN.

VILLES REMARQUABLES.

Rome, capitale, sur le Tibre, est une des villes les plus remarquables du monde par son antiquité, par la magnificence de ses monuments et par sa célébrité. On y admire l'église de St-Pierre, la plus belle de l'univers, plusieurs autres églises très-belles et une infinité d'autres objets tous dignes d'attention. Le palais du Vatican, où le pape fait sa demeure, ne le cède en rien aux palais des plus grands monarques.

Rome est le centre des beaux-arts ; la France y a établi une école de dessin pour les élèves qui sont couronnés à Paris.

Bologne est la seconde ville des états de l'Eglise ; elle possède une université et une académie des sciences très-célèbres.

Ancône, port sur la mer Adriatique, est la ville la plus commerçante de la côte orientale de l'Italie.

Les autres villes remarquables sont *Ferrare*, *Viterbe* et *Pérouse*.

XXXVe ENTRETIEN.

ROYAUME DES DEUX-SICILES (7,025,000 hab.).

Ce royaume, situé entre la mer Adriatique et la Méditerranée, a presque toujours subi le sort du reste de l'Italie ; la fertilité du sol, la pureté de son climat, en ont fait l'objet de la convoitise des potentats voisins, et plus d'une fois il a obéi à des lois étrangères. Les Français s'en emparèrent en 1495, sous Charles VIII, et vers l'an 1804, sous Napoléon ; mais la paix de 1814 l'a rendu à ses souverains légitimes.

Son *gouvernement* est une monarchie absolue.
Sa *religion* est le catholicisme.

DIVISION GÉNÉRALE.

Ce royaume se divise en deux parties principales: le royaume de Naples, sur le continent, et l'île de Sicile. Le royaume de Naples se subdivise en 15 provinces, et la Sicile en 7.

XXXVIe ENTRETIEN.

VILLES REMARQUABLES.

Naples, capitale, dans une position délicieuse, à 3 lieues du mont Vésuve, avec un bon port sur la Méditerranée, est la plus grande ville de l'Italie. Elle renferme un grand nombre de beaux édifices.

Palerme est connu par le massacre des Français, en 1282, appelé *Vêpres siciliennes*.

Messine, sur le détroit de ce nom, ville forte, avec un bon port, fut détruite en grande partie par le tremblement de terre de 1783. C'est près de cette ville, à l'entrée du détroit, que se trouvent le rocher de Scylla et le gouffre de Charybde, écueils redoutés des anciens.

XXXVIIe ENTRETIEN.

PETITS ÉTATS.

DUCHÉ DE PARME (437,000 habitants).

Ce duché, auquel on a joint ceux de Plaisance et de Guastalla, appartient à Marie-Louise, archiduchesse d'Autriche, ex-impératrice des Français.

VILLES REMARQUABLES.

Parme, grande et très-belle ville.

Plaisance, belle et ancienne ville, sur la rive droite du Pô, doit son nom à la bonté de son climat et aux agréments de sa situation. On admire ses édifices. Elle a vu naître Raphaël.

Guastalla, petite mais forte place, au confluent du Pô et du Crostolo.

XXXVIIIe ENTRETIEN.

DUCHÉ DE MODÈNE (376,000 habitants.)

Ce duché est gouverné par un prince de la maison d'Autriche.

VILLES REMARQUABLES.

Modène, l'une des plus belles villes d'Italie, sur un canal qui joint le Panaro à la Secchia.

Reggio, ancienne et belle ville, fondée par les Romains, possède quelques édifices assez remarquables.

DUCHÉ DE LUCQUES (143,000 habitants.)

Ce duché est gouverné, depuis 1815, par un infant d'Espagne.

VILLES REMARQUABLES.

Lucques, capitale, assez grande et belle ville.

On trouve encore en Italie la petite république de *Saint-Marin*, sous la protection du Pape. Sa capitale, du même nom, est peu considérable.

XXXIXe ENTRETIEN.

FLEUVES.

L'Arno sort des Apennins, en Toscane, et se jette dans la Méditerranée.

Le Tibre a sa source dans les Apennins, en Toscane, et se jette dans la Méditerranée.

L'Adige sort des Alpes du Tyrol, et se jette dans l'Adriatique.

Les fleuves et rivières moins considérables sont:

le Volturno, l'Ofanto, le Tanaro, l'Adda et le Mincio.

MONTAGNES.

Les montagnes de l'Italie sont les Apennins, qui la longent dans toute sa longueur, du nord au sud, dont le point le plus remarquable est le mont *Gargano*, où l'on voit les *Fourches-Caudines*, si célèbres dans l'histoire romaine.

VOLCANS.

L'Italie est la contrée qui renferme le plus de volcans. On y voit 1° celui du *Vésuve*, près de Naples; 2° celui de l'*Etna*, en Sicile; 3° les volcans des îles Lipari; le plus considérable est le *Stromboli*, dont les éruptions sont presque continuelles.

XLe ENTRETIEN.

TURQUIE (empire, 20,690,000 habitants.)

La Turquie fit autrefois partie de l'empire romain. Les Turcs s'en emparèrent sur les Grecs dans le XVe siècle, et l'ont toujours depuis possédée.

Cet empire est gouverné par un prince qu'on appelle *Sultan* ou *Grand-Seigneur*; on le nomme aussi souvent *La Porte*.

Son *gouvernement* est une monarchie absolue.

Sa *religion* est le mahométisme; les Chrétiens y sont cependant plus nombreux que les Turcs; mais ils sont presque tous de la religion grecque.

Les Mahométans sont en général fort ignorants; ils apprennent les langues, mais ils négligent les arts et les sciences.

La Turquie est un pays montagneux; l'air y est pur et salubre, quoique la peste y éclate très-souvent, faute de soins. Le sol est d'une si grande fertilité que presque sans culture il produit tout ce qui est nécessaire à la vie. Les pâturages nourrissent quantité de bestiaux. L'industrie a encore fait peu de progrès dans ce pays.

XLIe ENTRETIEN.

DIVISION GÉNÉRALE.

On divise la Turquie en 8 provinces, dont 5 au nord, et 3 au sud.

VILLES REMARQUABLES.

Constantinople, autrefois Bysance, sur le détroit qui joint la mer Noire à la mer de Marmara, est dans une des plus belles situations du monde. Constantin, en la fondant, lui donna son nom, et en 330 elle devint la capitale de l'empire romain. On y remarque la mosquée de Ste-Sophie, le sérail, vaste assemblage de bâtiments et de jardins, qui a 2 lieues de circuit, et le port, qui peut contenir 1,200 vaisseaux. Les maisons sont en bois ou en terre, et souvent la proie des flammes. Le faubourg de Péra est la résidence des ambassadeurs étrangers, qui n'ont pas la permission d'habiter à Constantinople.

Andrinople, sur la Maritza, est la seconde résidence du sultan. On y teint le coton en rouge de garance, appelé *rouge d'Andrinople*.

Salonique, capitale de l'ancienne Macédoine, a un port de 300 vaisseaux. Elle conserve encore plusieurs monuments de son ancienne splendeur. Les Juifs y sont nombreux et y fabriquent de beaux tapis.

XLIIe ENTRETIEN.

FLEUVES.

Le Danube est le seul fleuve qui baigne cette contrée. Il prend sa source à la forêt Noire, en

Allemagne, et se jette dans la mer Noire. Il reçoit le *Lech*, l'*Iser*, l'*Inn*, le *Drave*, le *Theiss*, la *Save*, la *Morava*, l'*Aluta*, le *Sireth* et le *Pruth*.

Les fleuves moins considérables sont le *Drin-Noir*, qui se jette dans l'Adriatique, et la *Maritza*, dans l'Archipel.

MONTAGNES.

Les principales chaines de montagnes de la Turquie sont : celle des monts Balkans, celles du Pinde et des Alpes Dinariques, dont les points culminants sont : le Despoto-Dag, l'Olympe ou Lacha (2,000 mètres), les monts de la Chimère et le mont Ida.

XLIIIe ENTRETIEN.

PRUSSE (royaume, 10,927,300 habitants.)

Les chevaliers Teutoniques subjuguèrent la Prusse orientale au milieu du XIIIe siècle, et la convertirent au christianisme. Albert de Brandebourg, grand-maître de l'ordre, s'appropria ce pays exclusivement, que ses descendants agrandirent de quelques souverainetés d'Allemagne. Frédéric-le-Grand, l'un d'eux, obtint le titre de roi en 1701. Les rois de Prusse prirent part au démembrement de la Pologne et obtinrent ainsi la Prusse occidentale et le grand duché de Posen.

Son *gouvernement* est une monarchie héréditaire.

Sa *religion* est le luthéranisme ; mais on y trouve beaucoup de catholiques.

Le terrain de la Prusse, généralement plat, ne produit ni vin, ni aucune récolte du midi de l'Europe ; cependant quelques cantons du duché du Bas-Rhin fournissent du vin estimé. La Prusse fournit beaucoup de pâturages, qui nourrissent de nombreux troupeaux. On y trouve quelques mines, et quoique peu fertile, la Prusse fournit le nécessaire à sa nombreuse population. L'industrie manufacturière y est très-développée , surtout pour les toiles, les ouvrages en fer, et les étoffes en laine.

XLIVe ENTRETIEN.

DIVISION GÉNÉRALE.

La Prusse se divise en deux parties principales : 1° les provinces dans la Confédération , au nombre de 7 ; 2° les provinces hors de la Confédération , au nombre de 3.

Elle se subdivise en 27 régences civiles , et en 10 provinces militaires. La Prusse possède encore le canton de Neufchâtel, en Suisse.

VILLES REMARQUABLES.

Berlin, capitale , sur la Sprée, est une des plus belles villes de l'Europe et des plus importantes.

Elle fut fondée en 1163, par Albert de Brandebourg. On y trouve tous les établissements des capitales et toutes les curiosités que l'on peut remarquer dans les premières villes de l'Europe. Elle est entourée de fortes murailles, qui ont 14 pieds de haut, mais qui n'empêchèrent pas les Français de la prendre , en 1806.

XLVe ENTRETIEN.

Breslau, sur l'Oder, est la seconde ville du royaume par sa population. On y remarque de très-beaux édifices. 84 institutions publiques , 14 bibliothèques facilitent aux jeunes gens le moyen de s'instruire.

Dantzig, sur la Vistule, à une lieue de la Baltique, est la principale place forte du royaume. Cette ville fut prise par les Français, en 1807, après un siége mémorable.

Cologne, sur le Rhin, fabrique cette eau spiritueuse et aromatique dite *eau de Cologne.* On y remarque la cathédrale, l'arsenal et les hôpitaux.

Cette ville a vu naître St. Bruno et le peintre Rubens.

Magdebourg, sur l'Elbe ; Othon de Guérike y inventa la machine pneumatique, en 1654.

Potsdam est la seconde résidence du roi ; près de cette ville est le château de *Sans-Souci*, séjour favori du grand Frédéric.

Aix-la-Chapelle a des bains d'eaux minérales très-fréquentés. Cette ville fut la résidence habituelle de Charlemagne et de plusieurs empereurs d'Allemagne.

XLVIe ENTRETIEN.

FLEUVES.

Le *Niémen* prend sa source en Russie , sépare cet empire de la Pologne , traverse la Prusse orientale et se jette dans le Curisch-Haff.

La *Vistule* prend sa source aux monts Carpathes ou Cracoviens , et se jette dans la Baltique par plusieurs branches.

L'*Oder* sort des monts Sudètes, et se jette dans la Baltique.

DANEMARK (royaume, 1,980,000 habitants.)

Le Danemark portait autrefois le nom de *Chersonèse Cimbrique*, et était la patrie des *Cimbres*, qui ravagèrent l'Europe 100 ans avant J. C. De l'an 835 à 1042 , les Danois firent plusieurs irruptions en Angleterre et y dominèrent pendant 25 ans. Dans les temps modernes, cette contrée a toujours conservé son indépendance.

Son *gouvernement* est une monarchie absolue et héréditaire.

Sa *religion* est le luthéranisme ; mais on y tolère le catholicisme.

Le Danemarck n'occupe sur le continent qu'une petite étendue de pays. Le terroir est plat et peu fertile ; on y élève cependant des chevaux estimés.

XLVIIe ENTRETIEN.

DIVISION GÉNÉRALE.

Le Danemarck se divise en 3 parties : 1° le Jutland ; 2° les provinces de la Confédération ; 3° les îles, au nombre de huit, tant dans la Baltique que dans la mer du Nord et dans l'Océan, dont la principale est l'Islande.

VILLES REMARQUABLES.

Copenhague, capitale, ville forte, port de mer, sur le *Sund*, fut fondée en 1479. On admire le palais royal et la bibliothèque. Un incendie la ruina en 1728 ; les Anglais la bombardèrent en 1807 : mais elle a été rebâtie avec plus de régularité.

Altona, sur l'Elbe, avec un bon port, est la seconde ville du royaume.

Elseneur, sur le *Sund*, à l'endroit le plus resserré du détroit, perçoit les droits que le roi prélève sur tous les vaisseaux qui entrent dans la Baltique.

XLVIIIe ENTRETIEN.

ISLANDE.

La température de l'Islande est si froide qu'il est impossible de confier à la terre aucune espèce de semence, et par un contraste singulier, on y trouve un grand nombre de sources d'eau chaude. Les montagnes renferment beaucoup de volcans, dont le principal est l'Hécla.

SUÈDE et NORVÉGE (royaume, 4,325,000 hab.)

C'est de la Suède et de la Norvége que sortirent ces hordes de barbares, appelés *Normands*, qui ravagèrent long-temps l'Europe, et qui s'établirent enfin dans une province de France appelée Neustrie, aujourd'hui *Normandie*, du nom de ses nouveaux habitants.

La *Norvége* appartenait autrefois au Danemarck ; mais elle a été réunie à la Suède en 1814, pour ne former qu'une seule contrée.

Son *gouvernement* est une monarchie constitutionnelle.

Sa *religion* est le luthéranisme ; mais on y trouve beaucoup de catholiques.

La Suède est peu peuplée et couverte de lacs ; la Norvége est hérissée de montagnes. Le climat est froid, et le sol peu fertile. On y trouve des mines de fer, d'argent et de cuivre. Le commerce des fourrures et de bois de construction est le principal du pays.

XLIXᵉ ENTRETIEN.

DIVISION GÉNÉRALE.

Ce royaume se divise en 3 parties principales, 1° le royaume de Suède ; 2° le royaume de Norvége, 3° les îles Gothland et Oland, dans la Baltique, et les îles de Loffoden, sur les côtes de la Norvége. Ce royaume se subdivise aujourd'hui en 24 provinces ou départements.

VILLES REMARQUABLES EN SUÈDE.

Stockholm, capitale, est bâtie sur sept îles du lac Mélar. Elle possède de beaux édifices ; son port est bon et sûr, mais de difficile accès.

Gothembourg est la seconde ville du royaume, par sa population, son commerce et son industrie. Elle a un bon port sur le Cattégat.

Calmar donne son nom au détroit qui la sépare de l'île d'Oland. C'est dans son château que fut conclu, en 1397, le fameux traité d'union qui réunit sous le sceptre de Marguerite les trois couronnes de Suède, de Norvége et de Danemarck.

Carlskrona, place forte, est le principal port de la marine royale.

Upsal a été la résidence des souverains de Suède jusqu'au Xe siècle. Le couronnement des rois s'y fait encore. C'est près de cette ville que se trouvent les fameuses mines de fer de *Danémora*.

L^e ENTRETIEN.

VILLES REMARQUABLES EN NORVÉGE.

Christiania, capitale, sur un golfe de ce nom, fait le commerce de fer et de planches. On cite son théâtre, son hôpital et son port.

Berghen, port de mer, est la ville la plus grande et la plus commerçante de la Norvége.

Frédéricshalt, port de mer. Charles XII, roi de Suède, fut tué au siége de cette ville.

Roëraas, célèbre par ses mines de cuivre, est sur le plateau le plus élevé de la Norvége. Le climat y est si rude qu'on y a vu périr des animaux de froid, même au milieu de l'été.

On trouve, au sud des îles Loffoden, le gouffre de Malstron, qui engloutit quelquefois des vaisseaux, et dont le bruit se fait entendre à plusieurs lieues de distance.

FLEUVES.

La Tornéa est le seul fleuve de cette contrée. Elle prend sa source dans la Laponie, sépare la Suède de la Russie, et se jette dans la Baltique.

MONTAGNES DE SUÈDE ET DE NORVÉGE.

La chaîne principale est celle des monts Scandinaves, qui s'étendent du nord au sud.

LIe ENTRETIEN.

RUSSIE (empire, 58,000,000 hab.)

La Russie n'est connue que depuis le Xe siècle, époque où le christianisme y pénétra ; mais elle eut peu d'éclat et resta dans la barbarie jusqu'au règne de Pierre Ier, qui régna de 1682 à 1725. Ce prince civilisa ses peuples, leur apprit les sciences et les arts, et ne craignit pas d'abandonner plus d'une fois son trône, pour aller apprendre, dans les autres contrées, des arts ignorés de ses sujets et qu'il leur montrait ensuite, en se faisant lui-même leur instituteur.

Son *gouvernement* est une monarchie absolue.

Sa *religion* est la chrétienne, mais du rit grec.

La Russie n'est ni peuplée, ni cultivée comme les autres contrées de l'Europe; la plupart de ses provinces sont inhabitables, soit à cause du froid, soit à cause des rochers et des lacs qui les couvrent. En général, il n'y a guère que les provinces du centre et quelques-unes du sud qui reçoivent quelque culture.

Le souverain de cette contrée porte le titre de *czar*.

LIIe ENTRETIEN.

DIVISION GÉNÉRALE.

La Russie se divise en cinq grandes parties, et en 54 gouvernements.

Depuis 1830, la Pologne est jointe à cette contrée; mais elle a un gouvernement particulier.

VILLES REMARQUABLES.

Saint-Pétersbourg, capitale, sur la Néva, à un quart de lieue de son embouchure, fut bâtie en 1703, par Pierre-le-Grand, dont on y voit la statue équestre, sur un rocher de granit du poids de trois millions de livres.

Moscou, ancienne capitale de Russie, fut prise par les Français en 1812, et en grande partie brûlée par les Russes. Elle a été rebâtie plus belle qu'auparavant. C'est à Moscou que se fait le couronnement des empereurs. Parmi ses monuments on remarque le Kremlin , qui renferme le palais des anciens czars , et la cathédrale.

Varsovie , capitale de la Pologne, sur la Vistule, possède de beaux édifices. On y remarque la bibliothèque Czaluski , le palais Constantin et la statue colossale de Sigismond III.

LIII° ENTRETIEN.

Au sud de la Pologne on trouve la petite république de Cracovie , sous la protection immédiate de la Russie, de la Prusse et de l'Autriche , et qui ne doit recevoir aucun transfuge ni criminel de ces trois puissances.

Cracovie , capitale, a un évêché , une université et de très-belles églises.

FLEUVES.

La Dwina sort des monts Olonetz , et se jette dans la mer Blanche.

La Néva sort des lacs Ladoga et Onéga , et se jette dans le golfe de Finlande.

La Duna sort des monts Volchonski, et se jette dans le golfe de Livonie.

Le Dniester sort des monts Carpathes, et se jette dans la mer Noire.

Le Dniéper ou Borysthène sort des monts Volchonski , et se jette dans la mer Noire.

Le Don sort des monts Jépifanowald , et se jette dans la mer d'Azow.

Le Volga, le plus grand fleuve de l'Europe , sort des monts Volchonski, et se jette dans la mer Caspienne.

L'Oural sort des monts Ourals , et se jette dans la mer Caspienne.

La Russie possède aussi quatre canaux principaux : 1° de la Sukona à la Baltique ; 2° de la Néva au Volga; 3° du Dniéper à la Duna; 4° du Dniéper au Bug.

LIVe ENTRETIEN.

GRÈCE (royaume, 1,100,000 hab.).

La Grèce est la première contrée d'Europe qui ait reçu les bienfaits de la civilisation ; elle était autrefois divisée en plusieurs petites républiques très-célèbres, qui sont tombées sous l'épée des Romains. Depuis peu d'années la Grèce a secoué le joug des Turcs, et a formé un état indépendant auquel on a donné un roi de la famille de Bavière.

Son *gouvernement* est une monarchie qui n'est pas encore constituée. Sa *religion* est la chrétienne grecque.

La Grèce est un pays montagneux et fertile, dont le climat est pur et sain. Les habitants ne tarderont pas, sans doute, à se relever des désastres de la guerre qu'ils ont soutenue pendant long-temps contre les Turcs et à retirer de grands avantages de la position de leurs nombreux ports de mer.

LVe ENTRETIEN.

DIVISION GÉNÉRALE.

La Grèce se divise en deux parties : 1° la Grèce propre, anciennement Thessalie, Béotie et Attique ; 2° le Péloponèse, aujourd'hui Morée, et un grand nombre d'îles adjacentes.

VILLES REMARQUABLES.

Athènes, capitale, près de la mer, fondée 1582 ans avant J. C. par Cécrops, a été le centre de la civilisation et la maîtresse des arts et des sciences. De tous ses anciens monuments, construits à grands frais par Thémistocle, après la guerre des Perses, elle ne conserve plus que le Stade et le Lycée. Athènes est sans contredit la ville qui a produit le plus de grands hommes en tous genres.

Napoli de Romanie, ville très-forte, avec un port sur le golfe de son nom ; on l'appelle le Gibraltar de la Grèce.

Thiva, l'ancienne Thèbes, est la patrie d'Epaminondas et de Pélopidas.

Patras ; son territoire produit des fruits d'un goût esquis. Elle a plusieurs mosquées , églises grecques et synagogues.

Négrepont, dans l'île de ce nom , est jointe au continent par un pont jeté sur l'ancien détroit de l'Euripe.

Missolongri, sur le golfe de Lépante, est devenue célèbre par le siége que les Grecs y ont soutenu en 1826.

LVIe ENTRETIEN.

Deuxième partie du Monde. — ASIE.

(534 millions d'habitants).

L'Asie est, après l'Amérique, la plus vaste des cinq parties du monde.

Elle est bornée au nord par la mer Glaciale ; à l'est, par le grand Océan ; au sud, par la mer des Indes ; à l'ouest par la mer Rouge, l'isthme de Suez , la Méditerranée , l'Archipel , la mer de Marmara, la mer Noire, le Caucase, la mer Caspienne, l'Oural et les monts Ourals.

L'Asie est moins riche que les autres parties du monde ; on y trouve cependant de l'or , de l'argent, du fer, du platine, du cuivre : mais ses minéraux les plus précieux sont les diamants et les autres pierres fines.

Parmi les végétaux que produit l'Asie, on distingue l'arbre à café, à thé et à sucre, le dattier, le cocotier, l'indigotier, le poivrier et ceux qui fournissent les autres épices.

L'Asie a été le berceau des premiers empires, des sciences et des arts et des quatre principales religions. C'est en Asie qu'habitèrent les premiers hommes et que s'opérèrent les miracles en faveur du peuple juif et ceux qui ont servi de fondement à notre sainte Religion.

LVIIe ENTRETIEN.

DIVISION GÉNÉRALE.

On peut diviser l'Asie en onze contrées principales, dont une au nord, la Sibérie ou Russie d'Asie ; quatre au milieu : la Turquie d'Asie, la Tartarie indépendante, la Chine et le Japon ; six au midi : l'Arabie, la Perse, l'Afghanistan, le Béloutchistan, l'Hindoustan et l'Indo-Chine ; nous ne parlerons d'aucune de ces contrées en particulier.

MERS.

L'Asie est baignée par 13 mers, dont 4 grandes, et 9 petites ; les 4 grandes sont : le grand Océan, à l'est ; la mer des Indes, au sud ; la Méditerranée, à l'ouest, et l'Océan Glacial, au nord.

Les 9 petites sont : la mer Caspienne, la mer Noire, la mer de Marmara, l'Archipel, la mer de la Chine, la mer Jaune, la mer du Japon, la mer d'Ochotsk et la mer de Berhing.

LVIIIe ENTRETIEN.

DÉTROITS.

On trouve en Asie 9 détroits principaux : ceux des Dardanelles et de Constantinople ; celui de Bab-el-Mandeb, entre l'Arabie et l'Afrique ; celui d'Ormus, entre l'Arabie et la Perse ; celui de

Malaca, au sud de l'Indo-Chine ; celui de Corée, entre la Chine et le Japon ; la manche de Tartarie, entre la Chine et l'île Tchoka ; le détroit de Berhing, entre l'Asie et l'Amérique.

MONTAGNES.

On remarque en Asie 14 principales chaînes de montagnes : le Caucase, entre la mer Noire et la mer Caspienne ; les monts Ourals, entre la Russie et la Sibérie ; le petit Altaï, entre la Sibérie et la Chine ; le grand Altaï et les monts Gadjar, dans la Chine : les monts Tsoung-Ling, entre la Chine et la Tartarie indépendante ; les monts Hymalaya, entre la Chine et l'Hindoustan ; le mont Taurus et le Liban, dans la Turquie d'Asie.

FLEUVES.

Les principaux fleuves d'Asie sont : l'Obi, le Jéniséï et la Léna, qui se jettent dans l'Océan Glacial ; l'Hoang-Ho et le Kiang, fleuves de la Chine, qui se jettent dans la mer Jaune ; le Gange, qui se jette dans le golfe de Bengale, et l'Indus, qui se jette dans le golfe d'Oman.

LIX° ENTRETIEN.

TROISIÈME PARTIE DU MONDE. — AFRIQUE.

(108 millions d'habitants.)

L'Afrique forme une grande presqu'île, jointe à l'Asie par l'isthme de Suez.

L'intérieur est encore peu connu des Européens, dont le commerce ne se fait que sur les côtes. D'immenses déserts couvrent la plus grande partie du sol ; le reste est de la plus grande fertilité, surtout dans les endroits humides. Les peuples d'Afrique sont encore tous barbares ; presque tous les souverains sont despotes, et ils exercent sur leurs sujets l'autorité la plus tyrannique. A l'exception de quelques établissements formés par les Européens, l'Egypte et la Nigritie sont les seules contrées qui jouissent d'un principe de civilisation.

DIVISION GÉNÉRALE.

L'Afrique se divise en 18 contrées, dont 3 au nord, 7 au milieu et 8 au sud.

Les trois au nord sont : la Barbarie, capitale Maroc ; l'Egypte, cap. le Caire, et le Sahara ou grand désert, ville principale Agably.

Les 7 au milieu sont : la Sénégambie, la Guinée septentrionale, la Nigritie, la Nubie, l'Abyssinie, le royaume d'Adel et celui d'Ajan.

Les 8 au sud sont : la Guinée méridionale, le pays des Hottentots, le gouvernement du Cap, la Cafrerie, le Monomotapa, le Mozambique, le Zanguebar, et dans l'intérieur une vaste contrée inconnue.

LXe ENTRETIEN.

MERS.

L'Afrique est baignée par 4 mers : la Méditerranée, au nord ; l'Océan Atlantique, à l'ouest ; le grand Océan, au sud, et la mer des Indes, à l'est.

CAPS.

On trouve en Afrique 16 caps, dont les plus remarquables sont : le cap Vert et le cap de Bonne-Espérance.

MONTAGNES.

On compte en Afrique 5 principales chaines de montagnes : le mont Atlas, entre la Barbarie et le Sahara ; les montagnes de Kong, entre la Nigritie et la Guinée septentrionale ; les monts de la Lune, au sud de la Nigritie et de l'Abyssinie ; les monts Lupata, au sud-est de l'Afrique, et les montagnes de Madagascar, dans l'île de ce nom.

FLEUVES.

On trouve en Afrique 7 fleuves principaux : le Nil, qui se jette dans la Méditerranée ; le Sénégal, la Gambie, le Zaïre, le Niger et l'Orange, qui se jettent dans l'Océan Atlantique, et le Zambèze, qui se jette dans la mer des Indes.

Le seul lac qui mérite d'être cité, c'est le lac Mœris, en Egypte.

LXIᵉ ENTRETIEN.

Quatrième partie du Monde. — AMÉRIQUE.

(38 millions d'habitants).

C'est à Christophe Colomb, navigateur génois, au service de l'Espagne, que l'on doit la découverte de l'Amérique, inconnue aux habitants de l'ancien continent jusqu'en 1492, le 12 octobre, époque où Christophe aborda à l'île San-Salvador. Le nom d'Amérique lui vient d'Améric Vespuce, qui, par ses découvertes dans ce nouveau monde, mérita de lui donner son nom.

La plus grande partie de l'Amérique tomba d'abord au pouvoir des Espagnols, qui en retirèrent d'immenses richesses ; mais bientôt les Portugais, les Français et les Anglais y firent d'importants établissements.

L'Amérique est très-riche en productions minérales. Les mines d'or et d'argent du Mexique et du Pérou sont presque inépuisables ; on y trouve aussi du fer, du cuivre, de l'étain, du plomb, du mercure, du platine, du sel, des diamants et d'autres pierres précieuses.

Les végétaux sont les mêmes que ceux des

autres parties du monde, et plusieurs autres qui lui sont particuliers.

On trouve en Amérique tous les animaux sauvages connus; depuis la découverte, on y a transporté tous les animaux domestiques de l'Europe, et ils y ont parfaitement réussi.

Les peuples civilisés de l'Amérique sont tous chrétiens; les sauvages sont idolâtres.

LXIIe ENTRETIEN.

DIVISION GÉNÉRALE.

L'Amérique se divise en deux grandes parties : Amérique septentrionale et Amérique méridionale, jointes par l'isthme de Panama. La partie septentrionale se subdivise en 6 contrées : l'Amérique Russe, le Groënland, la Nouvelle-Bretagne, les Etats-Unis, le Mexique et la république de Guatémala. La partie méridionale se subdivise en 9 contrées : la Colombie, la Guyane, le Brésil, le Pérou, le Haut-Pérou, le Paraguay, la Plata, le Chili et la Patagonie.

MERS.

L'Amérique est baignée par 6 mers : l'Océan Glacial et la mer de Baffin, au nord; l'Océan Atlantique et la mer des Antilles, à l'est; le grand Océan et la mer de Berhing, à l'ouest.

LXIIIe ENTRETIEN.

DÉTROITS.

On compte en Amérique 9 détroits principaux, dont le plus célèbre est celui de Berhing, entre l'Asie et l'Amérique.

MONTAGNES.

On trouve en Amérique 7 chaînes principales de montagnes : les monts Alleghany, dans les

Etats-Unis ; les monts Rocheux , la Sierra-Verdé , la Sierra de los Mimbrès , la Sierra de la Madré , qui parcourent du nord au sud l'Amérique septentrionale ; les Cordilières des Andes , qui parcourent l'Amérique méridionale du nord au sud , et les montagnes du Brésil.

LXIVe ENTRETIEN.

VOLCANS.

On compte en Amérique 5 volcans principaux : le mont St-Elie , dans l'Amérique Russe ; le mont Popocatépetl , dans le Mexique ; le Cotopaxi et le Pichincha , dans la Colombie , et le volcan d'Aréquipa , dans le Pérou.

FLEUVES.

L'Amérique septentrionale est baignée par 7 fleuves, dont les plus remarquables sont : le Saint-Laurent , qui a 30 lieues de large , et le Mississipi.

L'Amérique méridionale est arrosée par 6 fleuves principaux : la Madeleine , l'Orénoque , le fleuve des Amazones , le Tocantin , le San-Francisco et la Plata.

LXVe ENTRETIEN.

CINQUIÈME PARTIE DU MONDE. — OCÉANIE.

(30 millions d'habitants).

L'Océanie est plus grande que l'Europe ; mais elle est toute composée d'îles , plus ou moins grandes , habitées par deux races d'hommes : les *basanés* et les *noirs*. Ces derniers , d'une stupidité sans égale , éloignés de toute espèce d'industrie , végètent dans une extrême misère. Les Anglais ont formé dans ces contrées un établissement important , qui leur sert de prison pour les malfaiteurs , où une sage discipline les corrige ordinairement de leurs vices.

L'Océanie jouit, en général, d'un climat chaud, mais tempéré par le voisinage de la mer. Le mont Ophir (3,950 m.) est la plus haute montagne de cette partie du monde, qui renferme beaucoup de *volcans*.

DIVISION GÉNÉRALE.

L'Océanie se divise en trois parties principales : la Notasie, l'Australie et la Polynésie. Chacune de ces trois parties se subdivise en groupes d'îles plus ou moins grandes.

QUATRIÈME PARTIE.

COSMOGRAPHIE.

—

Ier ENTRETIEN.

NOTIONS PRÉLIMINAIRES.

La *Cosmographie* traite des rapports de la terre avec le reste de l'univers. L'univers est l'ensemble de tout ce qui existe. C'est un espace sans bornes, dans lequel est disséminée une multitude innombrable de corps appelés *astres*. La terre, qui nous paraît si vaste, est un des plus petits de ces corps.

On peut diviser tous les astres en deux classes : 1° ceux qui se meuvent autour du soleil ; 2° ceux qui gardent toujours entre eux la même position relative.

La première classe forme le système solaire, auquel la terre appartient ; elle comprend le soleil, les planètes, les satellites et les comètes.

La seconde classe comprend les étoiles fixes, qui ont une lumière qui leur est propre, comme le soleil.

Parmi les planètes, celle qu'il nous importe le plus de bien connaître, est la Terre, que nous habitons.

La terre peut être considérée sous deux points de vue : comparativement à l'univers, et par elle-même.

Dans le premier cas, nous la verrons faire partie du système solaire, et soumise à deux mouvements, l'un de rotation et l'autre de révolution.

Dans le second cas, nous verrons sa forme et ses divisions.

IIe ENTRETIEN.

DIFFÉRENTS CORPS CÉLESTES.

Le *Soleil*, qui occupe le centre du système solaire, est un astre lumineux par lui-même, environ 1,328,000 fois plus gros que la Terre. On a reconnu, par le déplacement et le retour périodique des taches qui sont à sa surface, qu'il tourne sur lui-même en 25 jours, 12 heures.

Les *planètes* sont des astres opaques, qui nous paraissent brillants, parce qu'ils réfléchissent la lumière du Soleil, comme la Lune. Elles ont deux mouvements, l'un de rotation sur elles-mêmes, l'autre de révolution autour du Soleil. Ces deux mouvements s'exécutent sans interruption d'*occident* en *orient*.

Les *satellites* sont de petits astres qui tournent autour des planètes, pendant que celles-ci tournent autour du soleil. Ils ont aussi deux mouvements, qui s'exécutent à la fois. La Terre a un satellite, c'est la Lune ; Jupiter en a quatre, Saturne sept, et Uranus six.

La *Lune* est un corps opaque, à peu près sphé-

rique , 49 fois plus petit que la terre. Sa distance
la plus grande est de 91,450 lieues ; sa plus petite
est de 80,105 , et sa moyenne est de 86,000 lieues
de la terre. Elle tourne sur elle-même, et fait sa
révolution autour du soleil en 27 jours et près de
8 heures ; elle nous présente toujours son même
hémisphère.

IIIe ENTRETIEN.

Les *comètes* sont des planètes qui décrivent des
ellipses extrêmement allongées, et dont le soleil
occupe le foyer. Elles se meuvent dans toutes les
directions de l'est à l'ouest, du nord au sud, et
sont souvent accompagnées d'une queue à travers
laquelle on peut voir les étoiles ; cette queue est
toujours du côté opposé à celui du soleil.

On appelle *barbe* la nébulosité qui est en avant
de la comète, et *chevelure* celle qui l'entoure. Le
globe même de la comète s'appelle *noyau*.

Les *étoiles fixes* sont des astres lumineux qui
conservent toujours entre eux la même distance.
Celles qui sont le plus près de nous, sont au moins
cent mille fois plus loin que le soleil. La lumière
qu'elles nous envoient, et qui fait plus de 70,000
lieues par seconde, est plus de trois ans à nous
parvenir.

Le nombre des étoiles est infini. A la simple
vue, on en voit 3 ou 4 mille ; mais avec des instruments on en découvre plusieurs millions. On
les divise, d'après leur éclat, en 1re, 2e, 3e, 4e,
5e, 6e, 7e, 8e grandeur.

On distingue encore dans le ciel de petits
nuages blanchâtres, appelés *nébuleuses* ; les unes
sont formées d'amas d'étoiles, les autres par l'ag-
glomération d'une quantité de matière blanchâtre.
La *voie lactée*, que le vulgaire appelle *chemin de
St-Jacques*, n'est qu'un amas de nébuleuses.

IVe ENTRETIEN.

On appelle *aphélie* le point où une planète est le plus éloignée du soleil, et on appelle *périhélie* celui où elle en est le plus rapprochée.

On appelle *horizon* un grand cercle que nous voyons autour de nous lorsque nous sommes dans un lieu où rien ne gêne notre vue. Chaque lieu de la terre a son horizon.

On appelle *zénith* le point placé verticalement au-dessus de notre tête, et on appelle *nadir* le point diamétralement opposé. Ce sont les pôles de l'horizon.

On appelle *orbite* d'un astre la route qu'il parcourt dans le ciel autour d'un autre astre.

Le *périgée* est le point où la lune est le plus rapprochée de la terre; l'*apogée* est celui où elle en est le plus éloignée.

On appelle *pôles* les points par lesquels on imagine que sort et entre une ligne droite qui passe par le centre de la terre, et qu'on appelle *axe*.

On appelle *équinoxe* le moment où les jours sont égaux aux nuits : ce qui arrive le 21 mars, et le 22 septembre.

On appelle *solstice* le temps où le soleil est dans son plus grand éloignement de l'équateur.

On appelle *éclipse* l'obscurcissement momentané d'un astre. Il y a des éclipses de lune et de soleil.

Il y a éclipse de lune toutes les fois que la terre se trouve entre ce satellite et le soleil.

Il y a éclipse de soleil toutes les fois que la lune se trouve entre la terre et le soleil.

La lune étant beaucoup plus petite que la terre, celle-ci peut lui cacher entièrement la lumière du soleil ; alors on dit que l'éclipse est *totale*.

Les éclipses de soleil sont partielles, totales ou annulaires. Elles sont *partielles*, lorsque la lune ne cache qu'une partie du soleil ; elles sont *totales*,

lorsque le centre de la lune correspond au centre
du soleil ; alors la terre est à l'aphélie, et la lune
au périgée ; le soleil se trouvant plus éloigné, paraît
plus petit, et la lune peut le cacher en entier. Elles
sont *annulaires*, lorsque la terre étant au périhélie,
et la lune à l'apogée, celle-ci est trop petite pour
cacher tout le soleil ; alors elle en laisse voir un
anneau autour d'elle.

Ve ENTRETIEN.

On appelle *rotation* un mouvement perpétuel
qu'exécutent les corps sphériques, lorsqu'ils sont
soutenus par les extrémités de leur *axe*.

On appelle *révolution* un autre mouvement
qu'opère un corps autour d'un autre corps.

On appelle *force centripète* la loi par laquelle les
planètes sont attirées vers le soleil ; c'est aussi une
loi semblable qui détermine les corps à tomber
vers le centre de la terre.

On appelle *force centrifuge* la loi qui sollicite les
petits corps à s'éloigner de leur centre ; telle que
la force que le soleil exerce sur les autres corps
pour les éloigner de lui.

On appelle *crépuscule* la lumière que le soleil
répand dans l'atmosphère, à partir de son coucher
jusqu'à ce qu'il soit au 18e degré au-dessous de
l'horizon. On appelle *aurore* la lumière que le
soleil répand sur l'atmosphère lorsqu'il est arrivé
au 18e degré au-dessous de l'horizon.

On appelle *attraction* une puissance en vertu de
laquelle toutes les parties soit d'un corps, soit de
différents corps, tendent les unes vers les autres.

On appelle *atmosphère* la masse d'air qui envi-
ronne la terre, et qu'on suppose s'élever à 15 ou
18 lieues. L'air est transparent, et quand le ciel
est pur, il semble avoir une belle couleur bleue.
Il est 770 fois plus léger que l'eau. Il est plus
dense et plus lourd à la surface de la mer, et dans

les plaines que **sur les hautes montagnes**; et il devient encore plus léger à une plus grande élévation. Cette diminution progressive du poids de l'air a fourni le moyen de mesurer l'élévation des montagnes au moyen des baromètres.

Une colonne d'air, depuis la limite de l'atmosphère jusqu'à la mer, est aussi pesante qu'une colonne d'eau de 10 m. 3 décim., ou qu'une colonne de mercure de 0 m. 757 (28 pouces).

On appelle *écliptique* un grand cercle que décrit la terre autour du soleil, incliné sur l'équateur de 23° 1/2 . Il est ainsi appelé parce que les éclipses ont lieu dans son plan ou près de son plan.

VIe ENTRETIEN.

DIFFÉRENTS SYSTÈMES PLANÉTAIRES.

Il y a plusieurs systèmes planétaires, c'est-à-dire plusieurs manières de représenter la position des globes et leurs mouvements dans l'espace.

Celui de Ptolémée, le plus ancien de tous et qui a été suivi jusqu'au XVe siècle, place la terre au centre du monde et fait tourner autour d'elle, en 24 heures, le soleil et tous les autres astres.

Celui de Copernic, astronome du XVe siècle, place le soleil au centre du monde, tournant sur son axe en 25 jours et 12 heures, et fait mouvoir autour de lui la terre et les autres planètes. Ce dernier système embrassé et perfectionné par l'astronome Galilée, a été reconnu plus conforme aux observations astronomiques et est le seul suivi.

Tycho-Brahée a aussi donné un système, dans le genre de celui de Ptolémée; mais avec quelques modifications; il a été totalement rejeté.

Enfin un nouveau système a paru, dit des *modernes*. Il est en entier celui de Copernic; seulement on y a ajouté quatre planètes, appelées thélescopiques, et la route que suivent ordinairement les comètes : ce que les anciens n'avaient pas connu.

Remarque. Nous n'entreprendrons pas de démontrer les raisons qui ont fait adopter de préférence le système de Copernic à celui de Ptolémée; ne nous adressant qu'à des enfants, nous craindrions de ne pas être compris.

VIIe ENTRETIEN.

MOUVEMENT DIURNE.

D'après le système planétaire de Copernic, généralement adopté, le soleil est au centre du monde, et toutes les planètes se meuvent autour de lui. S'il en est ainsi, la terre, qui fait partie du système solaire, doit avoir un mouvement de rotation sur elle-même, indépendamment de son mouvement de révolution autour du soleil. En effet, tous les jours nous voyons le soleil se lever à l'orient et se coucher à l'occident; c'est donc la terre qui, par son mouvement de rotation, présente alternativement chacune de ses faces au soleil. Il est donc vrai que la terre tourne, en 24 heures, sur son axe; mais pour cela, il faut admettre qu'elle est ronde, et c'est ce que nous allons prouver.

VIIIe ENTRETIEN.

PREUVES DE LA RONDEUR DE LA TERRE.

1° On a remarqué dans les éclipses de lune que l'ombre, projetée par la terre sur cet astre, est circulaire; il s'en suit donc que la terre est circulaire, comme une roue de voiture; mais il s'en suit aussi que la terre est sphérique, car les éclipses n'arrivent jamais au même moment, et l'observation faite sur chaque éclipse confirme la sphéricité de la terre.

2° Lorsqu'on se trouve dans une vaste plaine et qu'on découvre de loin une montagne, on n'en aperçoit d'abord que le sommet ; cependant personne n'ignore que le pied de la montagne est infiniment plus gros que le sommet ; pourquoi ne l'aperçoit-on donc pas d'abord ? c'est que la convexité de la terre, qui se trouve entre le pied de la montagne et l'observateur, cache à ce dernier cette partie et ne lui laisse voir que le sommet qui surpasse la convexité.

3° On a fait des observations analogues sur un vaisseau qui sort du port. L'observateur aperçoit de très-loin les mâts et le pavillon, tandis que le corps du vaisseau a déjà disparu. Pourquoi, en raison de son volume, ne l'aperçoit-on pas plus long-temps que les mâts et le pavillon ? c'est que la convexité de la mer l'a déjà masqué.

En conséquence, ces effets se reproduisant d'une manière uniforme dans tous les sens, soit du levant au couchant, soit du nord au midi, on doit en conclure que la terre est ronde.

IXᶜ ENTRETIEN.

MOYEN DE MESURER LA TERRE.

On se place à l'équateur, avec un instrument composé de deux branches mobiles, comme un compas, entre lesquelles est un rapporteur ou arc de cercle, divisé par degrés. L'une des branches est dirigée vers l'étoile polaire et l'autre reste fixée sur l'horizon.

A l'équateur, l'étoile polaire est vue sur l'horizon ; les deux branches de l'instrument se touchent, on compte alors zéro degrés ; mais si l'on s'avance vers le pôle nord, on s'aperçoit que la branche de l'instrument qui vise l'étoile polaire s'écarte de celle fixée sur l'horizon, d'un, de deux ou dé trois degrés ; on en conclut que l'on est à un, deux, ou trois degrés de l'équateur. On compte les lieues que l'on a parcourues, on en trouve 25 par degré, et ce nombre multiplié par 90° donne le nombre de lieues que l'on compte du pôle à l'équateur. Connaissant ensuite le nombre de toises que chaque lieue renferme, il est facile de faire la supputation de toutes les toises contenues dans le quart du méridien, et même dans toute la circonférence de la terre, sachant quelle se compose de 360 degrés.

Xe ENTRETIEN.

DE LA SPHÈRE.

Pour représenter la terre, on se sert d'une boule appelée sphère, soutenue par une aiguille qu'on imagine passer par le centre, et qu'on appelle *axe*.

Autour de cette boule on représente un grand nombre de cercles qui la coupent en différents sens. L'un d'eux prend le nom d'*équateur*, parce qu'il partage la sphère en deux parties égales appelées *hémisphères*. Un autre grand cercle la coupe aussi en deux parties égales ; il prend le nom de *méridien*. Ce cercle en remplace un grand nombre d'autres, qui portent le même nom, et que l'on se contente d'indiquer sur le globe au moyen de lignes.

La circonférence de la sphère se divise en 360 parties appelées degrés, de 25 lieues chacun ; chaque degré se divise en 60 parties, appelées minutes, de 0,41 de lieue environ ; chaque minute se divise en 60 parties appelées secondes, etc.

XIe ENTRETIEN.

On remarque encore sur le globe plusieurs autres cercles parallèles à l'équateur, ayant tous leur centre sur l'axe ; on les appelle *tropiques* et *cercles polaires*. Ces cercles partagent le globe en cinq bandes, appelées *zones*, désignées sous les noms de *torride*, *glaciale* et *tempérée*.

La zone torride est entre les deux tropiques ; elle renferme les pays les plus chauds de la terre ;

elle s'étend à 20 degrés à droite et à gauche de l'équateur.

Les deux zones tempérées s'étendent entre les deux tropiques et les deux cercles polaires; elles renferment les pays qui jouissent d'une température douce; elles comprennent environ 49 degrés chacune.

Les deux zones glaciales, entre les deux cercles polaires, comprennent environ chacune 23 degrés; c'est là que l'on ressent les froids les plus rigoureux.

Lorsque le soleil est sur l'un des tropiques, un jour de 6 mois règne sur ce tropique et une nuit de 6 mois obscurcit le tropique opposé.

XIIe ENTRETIEN.

POSITIONS DE LA SPHÈRE.

On dit que la sphère est *droite* lorsque l'équateur terrestre correspond en ligne verticale avec l'équateur céleste et que les deux pôles sont sur l'horizon.

On dit que la sphère est *parallèle* lorsque l'étoile polaire étant au zénith, les étoiles de l'équateur céleste sont à l'horizon.

On dit que la sphère est *oblique*, lorsque le pôle terrestre est entre le pôle céleste et l'équateur céleste.

ZODIAQUE.

Tous les cercles que l'on trace sur le globe terrestre sont aussi censés se prolonger dans le ciel; ils servent à classer les étoiles de la même manière que l'on détermine tous les points de la terre. Il y a donc des méridiens, des parallèles, un équateur et un écliptique célestes.

Le zodiaque est une zone céleste, que l'écliptique traverse par le milieu et qui est terminée par deux cercles parallèles à ce dernier. Il a environ 17 degrés de largeur, et il renferme les orbites de toutes les planètes connues des anciens. On l'a partagé en 12 parties de 30 degrés chacune, et l'on désigne, sous un nom particulier toutes les étoiles réunies sur chacune de ces 12 parties.

Le soleil semble parcourir trois de ces signes dans chacune des saisons de l'année; ainsi le 21 mars il entre dans le signe du *bélier*, et le 21 juin dans celui de l'*écrevisse*, etc.

XIIIᵉ ENTRETIEN.

LONGITUDE ET LATITUDE.

On appelle *longitude* la distance d'un méridien à un autre méridien (ce mot signifie longueur). Les anciens l'appelèrent ainsi parce qu'ils croyaient la terre plus longue que large, et quand ils voulaient aller du couchant au levant, ils disaient : *aller en long*.

On appelle *latitude* la distance d'un parallèle à l'équateur (ce mot signifie largeur). Sur les globes et sur les cartes, on met un numéro à chaque parallèle, indiquant de combien de degrés il est éloigné de l'équateur, et à chaque méridien, pour indiquer de combien de degrés il est éloigné du méridien choisi pour le *premier*. Les Français prenaient autrefois pour le 1ᵉʳ méridien, celui qui passe par l'île de Fer; aujourd'hui, ils prennent celui qui passe par l'observatoire de Paris.

Au moyen de la longitude et de la latitude, on peut déterminer la position de tous les lieux de la terre.

Le Soleil semble faire le tour du globle en 24 heures ; ainsi il parcourt 15 degrés dans une heure, et un degré en quatre minutes ; c'est-a-dire que lorsqu'il est midi à Paris, il faudra attendre encore une heure pour qu'il soit midi sur le méridien qui est à 15 degrés plus à l'ouest, et 2 heures pour qu'il soit midi à 30 degrés à l'ouest de Paris.

Cette différence d'heures fait connaître la lon-

gitude d'un lieu par rapport à un autre. Si l'on voit,
par une éclipse ou par une montre marine qui ne
varie pas, qu'il est 8 heures du matin à Paris,
tandis qu'il est midi et 12 minutes dans le lieu
où l'on est, c'est-à-dire 4 heures et 12 minutes de
plus, on verra que ce pays est à 63 degrés de
longitude orientale. La longitude serait occidentale
si l'heure était moins avancée qu'à Paris.

Quant à la latitude, on la reconnaît aisément
par l'inspection de l'étoile polaire. Cette étoile
qui est près du zénith du pôle nord, semble à peu
près immobile dans le ciel. Quand on est à l'équateur, on la voit sur l'horizon. Elle s'élève à mesure
qu'on s'avance vers le mord, de sorte qu'on la voit
à 10, à 20, à 30 degrés de hauteur, lorsqu'on est
à 10, à 20, à 30 degrés de latitude nord. etc.

XIVe ENTRETIEN.

CALENDRIER.

Les observations astronomiques ont donné naissance à une distribution du temps en périodes
plus ou moins longues, pour les usages sociaux.
Ces divisions d'années, de mois, de semaines et
de jours, s'appellent *Calendrier*.

Les divers peuples de l'antiquité avaient des
calendriers spéciaux. Les Perses, les Égyptiens et
les Cophtes avaient une année composée de 365
jours, en sorte que tous les quatre ans, elle retar-
dait de près d'un jour sur l'année solaire et ce
n'était qu'après 1460 ans qu'ils appelaient *période
sothiaque* ou grande année caniculaire, que les
années civiles et solaires se trouvaient d'accord.

Les mois, au nombre de 12 par an, étaient de
30 jours chacun, et pour compléter l'année ils ajou-
taient 5 jours complémentaires.

Les Cophtes ont encore ce même calendrier, qui
servit de modèle à celui de la république française,

qui divisait le mois en trois décades ou semaines de 10 jours. Les cinq jours complémentaires prenaient le nom de *Sanculotides*.

Le calendrier des Grecs fut peut-être celui qui offrit le plus de variation. Après avoir eu alternativement des années composées de 365 jours et 390 ; des périodes de trois et de huit années, les Grecs étaient encore loin d'avoir trouvé la véritable durée de l'année civile concordant avec l'année solaire, lorsque l'astronome athénien Méton entreprit de régler définitivement ce point essentiel. Il imagina une période ou cycle de 19 ans, après lesquels les rapports des jours, des mois et des années avec le retour de la *lune* et du *soleil*, au même point du ciel, concordaient parfaitement. Cette découverte parut si belle qu'elle fut admise dans toute la Grèce, et qu'on en exposa le calcul, en lettres d'or, dans les places publiques pour l'usage des citoyens. C'est de là que vient le *nombre d'or*.

XVe ENTRETIEN.

Le calendrier arabe, suivi par tous les Mahométans, est entièrement fondé sur le cours de la lune. Le premier jour de leurs mois correspond toujours à une nouvelle lune.

Leurs années de 354 et de 355 jours sont trèsvagues, en ce qu'elles parcourent successivement en rétrogradant toutes les lunaisons.

Chez les Romains, Romulus avait divisé l'année en 10 mois, dont mars était le premier. Numa en ajouta deux autres, dont l'un, nommé *février*, fut placé à la fin de l'année et l'autre, nommé *janvier*, fut placé au commencement. Plus tard le mois de février fut placé le second de l'année.

Jules-César, ayant fait venir un astronome égyptien, nommé Sozigène, voulut réformer le calendrier, qui de son temps offrait une différence d'environ 3 mois. Cet astronome ayant annoncé que

154

l'année était de 365 jours 1/4, Jules-César décida que l'année civile serait pendant trois ans de 365 jours et qu'à chaque quatrième année on ajouterait un jour de plus, pour tenir compte des 6 heures négligées pendant 4 ans. Cette année fut nommée *bissextile* et le jour *bissextile* fut placé le 24 février.

Le premier jour du mois, chez les Romains, se nommait *calendes*; le cinq venaient les *nones*, et les *ides* le 13. En mars, mai, juillet et octobre, les *nones* se trouvaient le 7, et les *ides* le 15.

Le nouveau calendrier, appelé *Julien*, du nom de son auteur, fut adopté dans toute l'étendue de l'empire romain et par tous les chrétiens eux-mêmes, qui, afin de déterminer exactement l'époque de leur pâque, firent usage du cycle de Méton.

XVIᵉ ENTRETIEN.

Cependant la durée de l'année, fixée par Jules-César à 365 jours et 6 heures, était trop longue de 11 minutes environ. Cette erreur presque imperceptible produisait un jour en 133 ans; en sorte que depuis la réforme julienne jusqu'en 1582, époque de la réformation du pape Grégoire XIII, les équinoxes avaient lieu le 11 mars, au lieu du 21.

Grégoire, voulant remédier à cet inconvénient, qui augmentait de plus en plus, d'après l'avis d'un astronome, et avec l'assentiment des souverains catholiques, publia une *bulle* dans laquelle il prescrivait de retrancher de l'année 1582 les dix jours d'erreur qu'il y avait pour faire concorder l'année civile julienne avec le cycle de Méton, par rapport à l'équinoxe. Cette année eut donc cela de particulier qu'un mois n'eut que 20 jours, car du 4 octobre on compta le lendemain le 15, au lieu de compter le 5; de sorte que l'équinoxe suivant tomba précisément le 21 mars, au lieu du 10.

Telle fut la réforme que Grégoire fit au calendrier Julien, réforme qui fut adoptée presque aussitôt par tous les peuples chrétiens. Il n'y eut que les protestants qui refusèrent d'abord de l'adopter, et il n'y a maintenant en Europe que les Russes et les chrétiens du rit grec qui aient conservé l'année julienne, qui maintenant commence 12 jours après la nôtre. Ainsi quand les Russes comptent 3, les Français comptent 15.

On désigne leur manière de compter sous le nom de *vieux style*, et la nôtre sous le nom de *nouveau style*.

XVIIᵉ ENTRETIEN.

DU BISSEXTE.

Le jour que l'on ajoute à chaque quatrième année, d'après le calendrier Julien, s'appelle *bissexete*, et l'année à laquelle il se trouve ajouté prend le nom de bissextile. Le nom de bissexte lui vient de la manière dont les Romains comptaient leurs mois en rétrogradant.

Ainsi le 1ᵉʳ mars étant les calendes, le 28 février on disait le 1ᵉʳ avant les calendes; le 27 on disait le 2 avant les calendes; le 26 on disait le 3; le 25 on disait le 4; le 24 on disait le 5; le 23 on disait le 6 (*sex*) avant les calendes; mais quand l'année était bissextile, on avait deux fois 6 (*bis sex*) et c'est de ces deux mots latins *bis sex* qu'est formé le mot bissexte.

XVIIIᵉ ENTRETIEN.

DE L'INDICTION.

L'indiction était un impôt que les empereurs levaient autrefois sur les peuples tous les 15 ans. Ce nombre, marqué sur quelques heures de Lyon, sert à trouver en quelle année on est de l'indiction.

Après 15 années, on recommence à compter 1, 2, 3, etc.

DU NOMBRE D'OR.

On appelle *nombre d'or* le calcul fait par l'astronome Méton, qui indiquait qu'après un cycle de 19 ans, la lune se trouverait correspondante au même point du ciel, à l'équinoxe du printemps. Si les heures de Lyon portent ce nombre, c'est pour faire connaître à quelle année l'on est du cycle.

Si on voulait savoir, sans le secours d'aucun livre, en quelle année l'on est du cycle, il faut se rappeler qu'il y avait un an que le cycle avait commencé à la naissance de Jésus-Christ. Il faut donc ajouter un an au millésime de l'année où l'on est et diviser le total par 19 ; le quotient indiquera les cycles écoulés, et le reste sera les années que l'on compte du cycle.

XIX° ENTRETIEN.

DE LA LETTRE DOMINICALE.

On appelle *lettre dominicale* une lettre alphabétique que l'on prend pendant toute l'année pour indiquer les dimanches, sur les calendriers. Pour la trouver, il suffit de savoir que l'on commence, au premier de l'an, par la lettre A. On place à chaque jour qui s'écoule jusqu'au 1ᵉʳ dimanche une lettre dans l'ordre alphabétique, et celle qui correspond au dimanche est la lettre dominicale pour toute l'année.

Si l'année est bissextile, on prend deux lettres ; la première sert depuis le jour de l'an jusqu'au 23 février, et l'autre depuis le 24 jusqu'à la fin de l'année.

DE L'EPACTE.

On appelle *épacte* l'excédant de l'année solaire sur la durée de 12 lunaisons. Cet excédant est de

11 jours. Pour trouver l'épacte ou l'âge de la lune il suffit de savoir quel est l'excédant que l'on a dans l'année où l'on est ; à ce nombre on ajoute le nombre des mois écoulés depuis le mois de mars inclus, plus le quantième du mois où l'on est ; si le total surpasse 30, le surplus est l'épacte ou l'âge de la lune ; s'il est trente, la lune est nouvelle, s'il est moins de trente, c'est encore l'âge de la lune.

XX° ENTRETIEN.

ORIGINE DES NOMS DES MOIS.

Janvier vient de *Janus*, dieu des Romains.

Février vient de *Februarius*, fiévreux.

Mars vient de *Mars*, dieu des Romains.

Avril vient de *Aprilis* (ouvrir, car c'est le mois où la végétation s'ouvre.

Mai vient de *Majores*, nom qu'on donnait aux anciens sénateurs romains.

Juin vient de *Junius*, général romain.

Juillet vient de *Jules-César*, empereur romain.

Août vient d'*Auguste*, empereur romain

Septembre tire son nom de son rang en commençant par le mois de mars.

Octobre, id.

Novembre, id.

Décembre, id.

NOMS DONNÉS AUX MOIS PAR LA RÉPUBLIQUE FRANÇAISE.

Décembre fut appelé *Nivôse*.

Janvier id. id. *Pluviôse*.

Février id. id. *Ventôse*.

Mars id. id. *Germinal*.

Avril id. id. *Floréal*.

Mai id. id. *Prairial*.

Juin id. id. *Messidor*.

Juillet fut appelé *Thermidor*.
Août   id. *Fructidor*.
Septembre   id. *Vendémiaire*.
Octobre   id. *Brumaire*.
Novembre   id. *Frimaire*.

XXIe ENTRETIEN.

NOMS DES JOURS.

Aujourd'hui.	Dans la république française.	Chez les Romains.
Lundi.	Primi-di	Jour de Lune.
Mardi.	Duo-di	Jour de Mars.
Mercredi.	Tri-di.	Jour de Mercure.
Jeudi.	Quarti-di	Jour de Jupiter.
Vendredi	Quinti-di	Jour de Vénus.
Samedi.	Sexti-di.	Jour de Saturne.
Dimanche.	Septi-di.	Jour du Seigneur.

Hocti-di. }
Nonni-di. } Nous avons dit que la république française divisait le mois en trois décades ou semaines de dix jours.
Déca-di. }

MESURE DU TEMPS.

Il y a trois manières de mesurer le temps : 1° l'heure vraie que nous donne le soleil ; elle est indiquée par les cadrans solaires ; 2° l'heure sidérale, marquée par le retour des étoiles au même point du ciel, c'est la plus régulière et celle que les astronomes emploient ; 3° l'heure moyenne, ou temps moyen, marquée par une pendule bien réglée.

ESPÈCES DE TERRAINS.

Nous ne connaissons de notre globe que la surface, et les substances qui en sont le plus rapprochées ; on divise en cinq sortes principales les terrains qu'on y trouve.

1° *Terrains primitifs*, ceux qui paraissent avoir toujours existé dans le même état, comme les couches inférieures des plaines et les rochers des plus hautes montagnes.

2° Les *terrains secondaires*, disposés par couches au-dessus des premiers, et qui y ont été déposés par les eaux. Les dépôts de coquillages et d'os de poissons, que l'on trouve sur de très-hautes montagnes, prouvent que la mer les a recouvertes.

3° Les *terrains tertiaires* sont composés des débris de ces deux premières espèces.

4° Les *terrains volcaniques* sont formés des laves des volcans.

5° L'*humus* se trouve au-dessus de tous les autres terrains; c'est le seul propre à la végétation.

DE LA PLUIE.

La *pluie* n'est que le résultat des vapeurs qui s'élèvent de l'Océan et de toutes les mers, et qui, parvenues à une certaine hauteur dans l'atmosphère, se condensent et se résolvent en pluie.

DE LA GRÊLE ET DE LA NEIGE.

La *grêle* n'est autre chose que de l'eau qui, élevée à une hauteur atmosphérique, plus froide que la hauteur ordinaire, se condense et tombe en solides plus ou moins gros.

La *neige* n'est aussi que de la pluie qui, congelée par le refroidissement de l'atmosphère, se condense, à une petite élévation et tombe à l'état solide.

DES MARÉES.

On appelle marées des oscillations régulières qui se répètent deux fois dans l'espace d'un jour, 51 minutes.

Les eaux s'élèvent et s'étendent sur le rivage, pendant environ 6 heures; c'est le moment du *flux*. Parvenues à leur plus grande élévation, elles restent stationnaires pendant près d'un quart d'heure; ensuite elles s'abaissent et se retirent dans le même espace de temps qu'elles ont mis à s'élever; c'est le moment du *reflux*.

On attribue ce déplacement régulier des eaux à l'attraction de la lune et du soleil.

XXIIe ENTRETIEN.

FEU CENTRAL.

D'après la croyance des astronomes et des géologues modernes, notre terre aurait été un corps enflammé qui se serait refroidi à sa surface; mais dont le centre serait encore en feu et ne se composerait que de matières en fusion. On en donne pour preuve : 1° la chaleur des puits artésiens, qui est plus ou moins forte, selon que ces puits sont plus ou moins profonds.

2° L'ascension du Mercure dans les thermomètres, qui est, selon Arago, d'un degré par 29 mètres, 16 centimètres, et selon Cordier, d'un degré par 25 mètres, à mesure que l'on descend dans les mines.

D'après ces données, on a calculé qu'on rencontrerait l'eau bouillante à 2,000 mètres environ, et qu'à 2,500 mètres l'eau serait réduite en vapeur.

Suivant ces supputations, on peut conclure que l'espace qui nous sépare du foyer incandescent n'a guère que 25 lieues.

NOMS DES PLANÈTES , LEUR DISTANCE DU SOLEIL , LEUR VOLUME, LEUR ROTATION ET LEUR RÉVOLUTION.

Mercure est à 13,361,000 lieues du soleil, son volume est d'un 10e de la terre, sa rotation s'exécute en 24 heures, 5 minutes, et sa révolution en 88 jours.

Vénus est à 25,000,000 lieues ; son volume est de 9/10e de la terre ; sa rotation se fait en 23 heures, 21 minutes, et sa révolution en 224 jours, 17 heures.

La *Terre* est à 34,500,000 lieues ; sa rotation se fait en 23 heures, 56 minutes, et sa révolution, en 365 jours, 5 heures, 49 minutes.

Mars est à 53 millions de lieues; son volume est 1/6e de la terre ; sa rotation s'exécute en 24 heures, 31 minutes, et sa révolution en un an 322 jours.

Vesta, découverte par Olbers, en 1807, est à 82 millions de lieues du soleil; sa rotation est inconnue, sa révolution s'exécute en 3 ans, 240 jours.

Junon, découverte par Harding, en 1804, est à 92 millions de lieues ; sa révolution s'exécute en 4 ans, 130 jours.

Cérès, découverte par Piazzi, en 1801, est à 95,460,000 lieues ; sa révolution s'exécute en 4 ans, 220 jours.

Pallas, découverte par Olbers, en 1802, est à 95,500,000 lieues; sa révolution s'exécute en 4 ans, 221 jours.

Jupiter est à 180 millions de lieues ; son volume est 1470 fois plus gros que la terre; sa rotation s'exécute en 9 heures, 56 minutes, et sa révolution, en 11 ans, 315 jours.

Saturne est à 329 millions ; son volume est 887 fois plus gros que la terre ; sa rotation s'exécute en 10 heures, 16 minutes, et sa révolution en 29 ans, 166 jours.

Uranus, découverte par Herschel, en 1781, est à 662 millions de lieues; son volume est 77 fois plus gros que la terre; sa révolution s'exécute en 84 ans, 7 jours.

LAVIS DES CARTES.

Plusieurs chefs d'enseignement, étant dans l'usage de faire apprendre à leurs élèves à tracer des cartes de géographie, ne seront sans doute pas fâchés que nous donnions ici quelques notions sur ce genre d'exercice, aussi utile qu'agréable aux élèves.

DU PAPIER ET DES COULEURS.

Quand on fait une carte à la plume, le papier importe peu, de quel genre qu'il soit, pourvu qu'il ne s'emboive pas ; mais la carte au lavis exige un papier un peu fort et bien collé. Le papier de Hollande est le meilleur en ce genre. Il est essentiel qu'il soit bien tendu ; à cet effet, on se sert d'un instrument appelé *stor*, ou bien à défaut de stor, on mouille le papier et on l'étend sur une planchette, après en avoir collé les bords ; lorsqu'il est sec, il se trouve parfaitement tendu.

Les couleurs les plus usitées dans le lavis de la carte sont : 1° l'encre de la Chine, noir luisant.

2° Le carmin rose vif.

3° La gomme gutte jaune.

4° Le bleu de Prusse, bleu cuivré.

5° Le vert de vessie, vert noir.

6° La seppia ou bistre brun.

Pour être bonnes, les couleurs doivent être bien broyées et gommées suffisamment. Pour s'assurer si une couleur possède ces qualités, il faut humecter l'ongle du pouce avec un peu d'eau et y frotter légèrement le pain de couleur ; si elle est bonne, elle se délayera d'une manière douce, sans heurter l'ongle ; si au contraire, elle fait sentir de petits chocs ou saccades, c'est qu'elle contient des molécules plus grosses les unes que les autres.

Une teinte est d'autant plus belle qu'elle est plus délicate : or, une couleur mal broyée produit des inégalités de grains ; la même chose arrive avec une couleur peu gommée, parce qu'elle se délaye trop vite, et ne répand point de luisant.

Les pinceaux doivent être de poil de martre, montés dans des plumes d'oie ou de cygne. On les considère comme bons, lorsque étant mouillés, ils font une pointe élastique qui se redresse à chaque coup, comme le ferait un ressort d'acier ou une plume taillée à l'anglaise. Si l'on doit être quelque temps sans faire usage d'un pinceau, il faut dès qu'il est sec, l'imprégner de camphre pulvérisé ou de poivre ; sans cela les insectes pourraient le ronger.

MÉLANGE DES COULEURS.

Il n'y a que cinq couleurs primitives, savoir : le noir (encre de Chine), le jaune (gomme gutte), le rouge (carmin), le bleu (de Prusse), le blanc. Retranchant cette dernière, qui n'est jamais employée dans le lavis du plan, attendu que le blanc n'est autre chose que le papier réservé, il nous reste les quatre autres, qui suffisent pour former tous les tons que l'on peut désirer.

COULEURS SECONDAIRES OU COMPOSÉES.

NOIR.

Noir et jaune font verdâtre, olive, etc.
Noir et rouge font violet-noir, lie de vin.
Noir et bleu font bleu-ardoise, gris de fer, gris de rocher, etc.

JAUNE.

Jaune et rouge font sable, roux, rose, orange.
Jaune et bleu font vert de toute espèce.

ROUGE.

Rouge et bleu font violet, violâtre.
Le noir, le rouge et le jaune combinés ensemble

donnent un ton brun, couleur de terre, qu'on peut modifier à volonté selon qu'on affaiblit ou qu'on augmente l'une des composantes.

Ce mélange peut remplacer la seppia ; mais cette couleur étant très-fine et donnant sur-le-champ un excellent ton pour laver les montagnes, on devra l'introduire dans le lavis de la carte.

DES TEINTES.

Quand on prépare une teinte par le mélange des couleurs, on doit calculer la quantité dont on aura besoin et en faire plus qu'on n'en pourra employer, afin de ne jamais se trouver dans le cas d'en manquer ; car il est très-difficile d'en composer une autre du même ton.

Une teinte qui a séché dans un godet ne peut plus servir ; on s'exposerait à produire un lavis terne et grumeleux, si l'on en faisait usage.

Il y a deux sortes de teintes : les teintes plates et les teintes de fond. Une teinte plate est celle qui n'est point unie à une autre de ton différent. La teinte de fond est formée de deux ou trois tons fondus ensemble. C'est celle qu'on donne préalablement à un genre de culture, aux bois, aux vignes, aux bruyères, pour les préparer à recevoir un autre travail.

Les commençants ont l'habitude de laver en portant plusieurs fois sur le papier la même teinte et de l'étendre par couches successives. On peut également bien faire d'une seule couche, si l'on ne tient pas sa teinte trop épaisse, si les couleurs ont été bien délayées, si l'on a acquis l'habitude de manier le pinceau.

Fondre une teinte, c'est l'affaiblir progressivement avec le pinceau, en détruisant peu à peu son intensité.

Fondre deux teintes ensemble, c'est les marier de manière qu'on ne puisse indiquer la ligne de séparation entre les deux.

Pour fondre une seule teinte, il faut l'adoucir au moyen d'un second pinceau rempli d'eau pure.

On fond deux teintes ensemble en passant près de la première qui est encore fraîche sur le papier celle qu'on veut y joindre, et le travail opère tout naturellement cette fusion.

On emploie successivement les deux pinceaux dont l'un est garni d'une couleur et l'autre de l'autre.

ÉCRITURE DE LA CARTE.

Les écritures de la carte ne se font que lorsqu'elle a été complètement achevée, parce que l'encre épaisse, dont les lettres sont formées, pourrait ternir le lavis.

Les indications générales se tracent en grandes majuscules, inclinées ou droites.

Les indications secondaires se tracent en petites majuscules.

Les détails ordinaires en gros romain.

Les détails extraordinaires ou particuliers, en italique ou romain penché.

Les indications générales s'écrivent en tout sens; mais les autres doivent être horizontales, c'est-à-dire parallèles à la base de la carte.

Souvent, au lieu de charger le plan d'écriture, on dresse une table appelée *légende*, contenant le nom de chaque objet qu'on désire connaître, et des lettres servent de renvoi, comme pour les figures de géométrie.

Pour les chiffres on emploie à volonté les romains droits ou penchés, les arabes droits ou penchés.

MESURES DE DISTANCES

DE DIFFÉRENTS PAYS COMPARÉES AU MÈTRE.

	mètr.	cent.
La lieue ordinaire de France, de 25 au degré, égale	4444	40
La lieue marine, de 20 au degré, égale	5555	50
Le mille d'Allemagne, de 15 au degré, égale	7407	20
Le mille d'Angleterre, d'environ 69 au degré, égale	1617	70
Le mille d'Espagne, de 17 1/2 au degré, égale	6349	20
Le werst russe égale	1292	
Le mille grec égale	1292	
Le stade olympique égale	184	
Le stade égyptien égale	222	20
Le mille géographique, de 60 au degré, égale	1851	80

FIN.

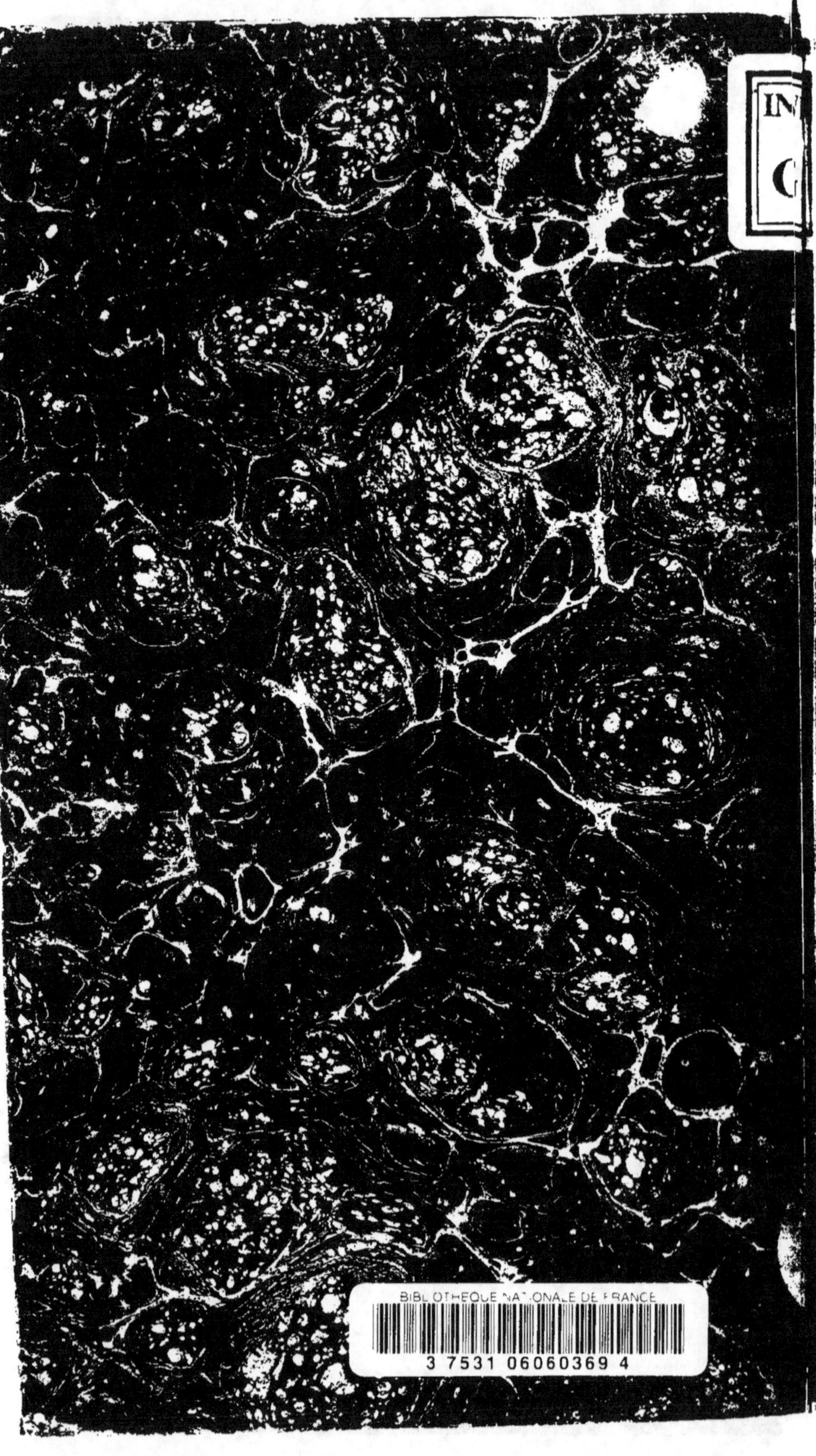